# ENCIENDE TU ALMA

Cuando el agotamiento y el aislamiento iluminan el camino hacia el contentamiento

**Mindy Caliguire**

**con Shawn Smucker**

*Un recurso de NavPress publicado por Tyndale House Publishers*

**NavPress.com**

*Enciende tu alma: Cuando el agotamiento y el aislamiento iluminan el camino hacia el contentamiento*



Un recurso de NavPress publicado por Tyndale House Publishers

Originalmente publicado en inglés en EE. UU. bajo el título *Ignite Your Soul: When Exhaustion, Isolation, and Burnout Light a Path to Flourishing* por Mindy Caliguire. © 2024 por Melinda Caliguire.



Traducción al español: Patricia Cabral para AdrianaPowellTraducciones

Edición en español: Ayelén Horwitz para AdrianaPowellTraducciones



Publicado en asociación con la agencia literaria Wolgemuth & Associates

Algunas de las historias anecdóticas de este libro son de la vida real y se incluyen con el permiso de las personas involucradas. Todas las demás ilustraciones son una combinación de situaciones reales y cualquier parecido con personas vivas o fallecidas es pura coincidencia.

Los capítulos 7 y 9 son versiones ampliadas de artículos escritos para Leadership Network (Red de liderazgo). Se incluyen con permiso.

Para información acerca de descuentos especiales para compras al por mayor, por favor contacte a Tyndale House Publishers a través de espanol@tyndale.com.

ISBN 979-8-4005-0901-8

Impreso en Estados Unidos de América
Printed in the United States of America

32 31 30 29 28 27 26
7 6 5 4 3 2 1

*Para los rescatistas, aquellos que se ocupan del cuidado del cuerpo y aquellos que cuidan el alma.*

*Durante el incendio Marshall del 2021, el capitán Jamie Wood y sus brigadas vieron un cambio repentino del viento a las dos y media de la madrugada y se mantuvieron firmes en nuestro vecindario, lo cual evitó una destrucción mayor. Antes de eso, el viento y el calor (los cuales eran demasiado fuertes) los habían frenado en cinco ocasiones. Pero, entonces, el viento cambió. Y ellos estaban preparados.*

*Los rescatistas en mi vida han sido muchos: mentores, amigos, guías en la senda a la sanidad y a la restauración que yo necesitaba con tanta desesperación.*

*Los rescatistas avanzan (y hasta corren), y se meten en el caos y en el peligro con el fin de socorrer, de curar y de proteger. Son osados, amables y buenos. Que todos podamos desarrollar nuestra capacidad y buena disposición a hacer lo mismo con valentía.*

Nuestro mundo está desesperado por que los cristianos vivan la vida abundante que Jesús promete. Este libro aborda con sensibilidad y practicidad cómo cada uno de nosotros puede pasar del agotamiento a la paz. Se lo recomiendo a todo líder o amigo.

**ANDY COOK,** Director general del Wheaton College Billy Graham Center

*Enciende tu alma* no es una amalgama de teoría alegre y brevedad; es la vida real. Caliguire sincera de un modo vulnerable la vida que ha vivido, y nos presenta las prácticas del cuidado del alma que la sostienen en lo personal. (¡Tan solo las «Reflexiones para cuidar el alma» que cierran cada capítulo bien valen el precio del libro!). El cuidado del alma es una enseñanza de vida que no podemos permitirnos pasar por alto.

**CAROLYN CARNEY,** Directora nacional de formación espiritual de la InterVarsity Christian Fellowship y autora de *The Power of Group Prayer* (El poder del grupo de oración)

Sin darnos cuenta, muchos podemos estar a una pequeña chispa de la destrucción a causa de haber descuidado nuestra alma. Pero, como nos recuerda Mindy Caliguire, ese no es el camino de Jesús. Valiéndose de historias y de las Escrituras, Mindy nos muestra cómo cualquier líder puede estar más sano y, así, prosperar y guiar a otros para que tengan un mayor impacto y sean más fructíferos en el reino.

**MICHAEL MARTIN,** Presidente y director ejecutivo del ECFA (Evangelical Council for Financial Accountability)

La gente está agotada. Los «incendios forestales» arrasan nuestra vida. [...] Entrelazando su historia personal, discernimiento bíblico, prácticas espirituales y oportunidades esclarecedoras para la reflexión, este libro señala un camino centrado en la Trinidad que conduce a la sanidad, la paz y el propósito.

**ELLEN DUFFIELD,** Coordinadora del Centro de Estudios para el Liderazgo del Briercrest Seminary, fundadora de Brave Leaders y autora de *A Theology of Thriving* (La teología del crecimiento)

*Enciende tu alma* es la exploración esencial sobre una de las preguntas más profundas de la vida: *¿En qué estado se encuentra mi alma?* Con sabiduría y afecto, Mindy guía a los lectores a través del proceso transformador de aprender a vivir a partir de un alma sana. Recomiendo mucho apartar tiempo para leer, reflexionar y absorber los conceptos profundos que encontrarás aquí. Es algo más que un libro; es un viaje al centro de tu vida.

**BRENT MCHUGH,** Director general de Christar International

Mindy Caliguire es la clase de mentora que quieres tener cerca si te encuentras transitando por el camino al agotamiento. Su experiencia personal de restauración y su pasión por guiar a otros son contagiosas. *Enciende tu alma* sin duda te inspirará en tu recorrido para experimentar la vida floreciente que Jesús ofrece.

**DOUG SAUDER,** Pastor principal de Calvary Chapel Fort Lauderdale

Hay pocas cosas más importantes que la salud de nuestra alma. Entrelazando reflexiones sinceras y la sabiduría de las Escrituras, Mindy Caliguire hace accesibles las prácticas vivificantes que pueden predisponernos a la profunda paz de Dios, incluso en los momentos más difíciles.

**TREVOR HUDSON,** Autor de *Seeking God* (Buscando a Dios) y de *In Search of God's Will* (En busca de la voluntad de Dios)

Mindy Caliguire no solo nos ayuda a entender nuestra alma, sino que nos invita a una vida empapada de la atención y de la capacidad de respuesta a las realidades de Dios. Si la adversidad, el desengaño o la ansiedad te han dejado reseco, este libro es como un bálsamo refrescante. Entra en la vida del reino donde en verdad puedas decir: «Tengo paz en mi ser».

**JOHN CARROLL,** Director ejecutivo de Dallas Willard Ministries

*Enciende tu alma* resuena en lo profundo de mi propia alma porque me recuerda que su sanidad y su cuidado son cruciales para mi liderazgo. Me encanta la invitación a reflexionar, conectarme e interactuar. Es el estilo de vida que Dios nos convida, que lleva a la «vida, una vida más plena y mejor de la que [nosotros] jamás soñamos» (Juan 10:10, MSG).

**MARGARET FITZWATER,** Directora general de Train - Develop - Care en The Navigators US Leadership Team

Mindy practica lo que enseña, y enseña bien lo que practica. *Enciende tu alma* es un muy necesario, y bienvenido, respiro para quienes deseamos progresar en nuestro camino como seguidores de Jesús.

**GREG NETTLE,** Presidente de Stadia Church Planting

El conocimiento que tiene Mindy del mundo acelerado y de alto rendimiento del liderazgo, sumado a su amor por el alma redimida de los líderes, se juntan en este recurso indispensable para recuperar el alma de tu liderazgo. Este libro bien vale tu atención, meditación y acción.

**CASEY TYGRETT,** Pastor, director espiritual y autor de *The Practice of Remembering* (La práctica de recordar) y de *The Gift of Restlessness* (El don de la inquietud)

Mindy comparte con generosidad su historia personal, la sabiduría adquirida con esfuerzo y las prácticas orientadas a iluminar el camino hacia una vida de contentamiento. Sus palabras auténticas y sensibles nos ayudan a aprender los ritmos naturales de la gracia y a llevar al mundo la paz de un alma sana.

**SAM SONG,** Pastor de misiones en Saddleback Church Central y fundador del pódcast *The Beautiful Future* (El hermoso futuro)

Reflexionando sobre la dependencia de sí misma y sus esfuerzos incesantes del pasado, Mindy ofrece enseñanzas valiosas y una guía para volver a conectarse con Dios y encontrar una esperanza renovada. *Enciende tu alma* demuestra que adoptar una actitud de rendición y dependencia de Dios avivará lo profundo de nuestra alma a medida que avanzamos.

**OLUSOLA OSINOIKI,** Responsable principal de la Josh Leadership Academy

La sabiduría de Mindy nos hace avanzar en un recorrido más profundo con Dios para ahondar en nuestra alma. Estoy muy agradecido por su franqueza, su claridad y su manera de ver a Jesús en el mundo ajetreado que me rodea.

**ANDREW CLARK,** Fundador de The Lion's Den, Wherewithal.co y Jeremiah Fund

La desolación personal de Mindy Caliguire no le dejó otra opción que aceptar la antigua invitación de Dios para refrescar su alma. Pero, como destaca Mindy en este libro convincente, aceptar este regalo no es una rendición rápida ni de una sola vez. Mindy muestra cómo las prácticas cristianas milenarias del deleite, el silencio y el descanso, entre otras, pueden hacernos andar despacio a través de la eterna búsqueda de la salud espiritual.

**DRA. MARGARET DIDDAMS,** Editora de *Christian Scholar's Review*

Mindy no habla solo por hablar. Predica con el ejemplo. Comparte primorosamente cómo, a pesar (¡y a través!) del agotamiento, el dolor y la devastación ha establecido ritmos provechosos para mejorar la salud del alma. Todo líder, ya sea empresarial o ministerial, sería sabio al seguir su ejemplo.

**KEVIN ORRIS,** Director principal de desarrollo de Awana y coautor de *Field Guide for SPACE* (Guía de campo para el ESPACIO)

Soy un líder que ha intentado hacer la obra de Jesús de tal forma que estuve a punto de matar la obra de Jesús *en* mí. Sé lo que es brindar un banquete espiritual para los demás pero sentirme famélico yo mismo. Este libro señala un camino claro hacia la esperanza por encima de la desesperación, hacia la luz por encima de la oscuridad y hacia la vida más allá de la muerte. Mindy es a la vez una guía espiritual, una consejera visceralmente sincera y una amiga verdadera que quiere ver que mi alma prospere y, de alguna forma, ha logrado condensar todo ello en estas páginas. Si tienes la sensación de que la cosa no se trata solo de lo que estás *haciendo*, sino en quién te estás *convirtiendo*, Mindy ha encontrado un camino para avanzar, y lo comparte con gracia.

**BEN CACHIARAS,** Pastor principal de Mountain Christian Church

Muchos nos esforzamos con empeño en las prácticas para estar físicamente sanos, pero ¿qué hacemos para que nuestra alma esté sana? Este libro es para ti, seas un líder quemado o un seguidor de Cristo que busca cuidar mejor de su alma. Hace pensar y propone herramientas prácticas para empezar a practicar el cuidado del alma.

**DEBORAH ROSS,** Ministra («Momma Strings») y autora de *Back on the Streets* (De vuelta a las calles)

# Contenido

# Prólogo

Hace poco, me encontré en un estado anímico melancólico. Había vivido pérdidas trascendentales en mi vida al ver a varios líderes, personas a las que admiraba, tomar decisiones insensatas. Ahora, una vez más, estaba atravesando la pérdida de alguien que había admirado: mi abuelo. Esta pérdida no era consecuencia de algún tipo de fracaso moral. Se debía simplemente a la edad, al desgaste natural.

La pérdida tiene la virtud de desacelerarnos y hacernos reflexionar.

Es posible que nos encontremos reflexionando acerca de qué es *en realidad* lo que perdimos y por qué es tan doloroso. Puede ser que la pérdida nos haga recordar nuestra propia vulnerabilidad y, más aún, nuestra vulnerabilidad ante la pérdida.

A pesar del dolor que provoca la pérdida, sin embargo, creo que es posible que ella nos lleve a un lugar más profundo.

Mi ánimo melancólico me hizo buscar un libro, uno que me habían dado sobre el estilo de liderazgo de mi difunto abuelo y los diversos principios que fueron importantes para su éxito. Fue en este libro que conocí el concepto *cuidado del alma*. Luego, me encontré con esta misma noción en el trabajo que habían estado desarrollando Mindy y Jeff Caliguire.

El concepto *cuidado del alma* y el trabajo de Mindy y Jeff me interpelaron. Cada vez se me hacía más evidente que mi alma había sido afectada por pérdidas y ganancias. La idea de que mi alma era algo que había no que ignorar, sino alimentar, resonó en lo profundo de mí. Pero había una pregunta que seguía apareciendo.

¿Cómo?

¿Cómo podía alimentar mi alma?

*Enciende tu alma* brinda una respuesta.

Me encanta cómo Mindy entreteje lo natural y lo sobrenatural y nos guía con delicadeza por una aventura relevante que da giros y vueltas desde el valle hasta la cima de la colina. Mindy lo vive, lo practica y lo comparte. Estoy convencido de que vivirás la experiencia de tu propio viaje cuando las páginas que tienes delante de ti se fusionen con la senda que alimenta tu alma.

*Stephan N. Tchividjian*
*Director ejecutivo y cofundador*
*de la National Christian Foundation of South Florida*

# Preludio

El fuego es poderoso y raro; aparece en nuestra vida de dos maneras muy diferentes.

Como fuerza de la naturaleza, el fuego arrasa bosques y comunidades. Las llamas hieren nuestra piel... a veces, irreparablemente. Las temperaturas más elevadas dejan poco o nada vivo. El fuego es un arma de guerra, un medio de gran destrucción.

Aun así, dependemos casi a diario de la mecánica del fuego para cocinar, para mantener calefaccionados nuestros hogares y hospitales, y para generar la fotosíntesis que permite la vida y la respiración de toda la población humana de este mundo.

El fuego es fuente de muerte.

El fuego es fuente de vida.

En cuanto a nuestra alma, los fuegos de la vida pueden conducirnos a los mismos caminos divergentes. Nos encontramos más que agotados y hemos estado exhaustos más tiempo del que podemos recordar. Nos sentimos desesperadamente solos. El fuego interior puede hacernos sentir que no nos queda nada, como si todo lo que vivía dentro de nosotros hubiera sido consumido.

O podemos percibir el fuego y optar por ocuparnos de lo que se quema adentro. Las llamas se convierten en faroles. La tierra quemada se transforma en suelo fértil para la nueva vida.

En el 2021, en Boulder (Colorado), donde vivo, cientos de casas e incontables hectáreas fueron destruidas por un incendio forestal. Hace unos treinta años, mi vida se derrumbó inesperadamente. Aquel fue un incendio del alma. Ambos hechos cuentan la misma historia, nuestra historia colectiva: paradójicamente, las fuerzas destructivas pueden iluminar el camino para que nuestra vida se encienda mediante la bondad, la amabilidad y la cercanía de un Dios vivo y amoroso.

Quizás te encuentres rodeado por las ruinas calcinadas de tu vida, o puede que simplemente sientas una sequedad, una vulnerabilidad en la que apenas una chispa suelta que toque tu ser emocional, relacional y espiritual podría desencadenar un desastre.

Estoy más que segura de esto: nuestro Dios vivo y amoroso puede, paradójicamente, iluminar un camino para ti como lo ha hecho para mí.

Sea cual sea la destrucción que tú o las personas que amas hayan enfrentado (y pese a todo el desgaste, el fracaso o el abandono que haya resultado de ello), puedes tomar este camino hacia la sanidad y el florecimiento.

Del otro lado de la muerte está la vida.

Sin importar cómo esté tu alma en la actualidad, que tú también puedas encontrar encendido tu camino hacia la sanidad y el contentamiento.

Tu alma es importante.

Aviva la llama.

# 1

# EL ALMA AGOTADA

## Elige la vida

Me obligó a penetrar en las bases de mi alma y a mirar directamente lo que allí se escondía, a elegir, ante todo, no la muerte, sino la vida.

**HENRI NOUWEN,** *La voz interior del amor: Un viaje a través de la angustia hacia la liberación*

Se suponía que el 30 de diciembre del 2021 iba a ser un día normal y tranquilo. Mi esposo Jeff y yo habíamos pasado los días entre Navidad y Año Nuevo descansando en nuestra casa cerca de Boulder (Colorado), con familiares y amigos cercanos. Mientras esperaba el año entrante, disfrutaba especialmente de imaginar qué podría depararle este a mi organización incipiente, Soul Care.

Aquella mañana, estaba en casa dirigiendo un retiro en línea que duraba una hora. Jeff había salido a hacer algunas compras. Esos retiros, incluso siendo experiencias virtuales como la que presidía aquel día, suelen ser momentos ricos en la comunión con Dios, oportunidades para dejar por voluntad propia la vida normal y, junto a un grupo de otras personas, hacerse una pregunta importante: *¿En qué estado se encuentra mi alma?*

Al mirar afuera a través de las ventanas de mi estudio en el subsuelo de la casa, vi que el cielo se había oscurecido y había adquirido una extraña tonalidad naranja. El traqueteo de las ventanas y los almohadones que volaban desde la terraza de mi vecino hacia nuestro jardín trasero me confirmaron que había comenzado a soplar un viento fuerte. Me pregunté qué clase de tormenta podría estar llegando. El panorama era inquietante.

Aun así, estaba en medio de la recapitulación de la experiencia del retiro con líderes que habían llamado de todas partes del mundo. El encuentro había sido emotivo, grato y lleno de tensión; la cosa no podía estar yendo mejor. Para tratar de concentrarme, había silenciado todas las notificaciones en mis dispositivos.

En paralelo, Jeff intentaba insistentemente ponerse en contacto conmigo llamando una y otra vez a mi teléfono. Un incendio forestal se había descontrolado a unos pocos kilómetros de nuestra casa y avanzaba a toda velocidad hacia el este, atravesando las mesetas del desierto alto a las afueras de Boulder y rumbo a los suburbios. Las labores de extinción de los bomberos no podían hacerle frente al incendio.

El incendio había comenzado aquella mañana, probablemente como resultado de que alguien quemara su basura. Mientras el fuego se propagaba con prisa hacia el este por la maleza seca, se abrió paso a través de Whisper Ranch, nuestro incipiente lugar de descanso de casi doce hectáreas en un terreno poco desarrollado en las colinas de las Rocallosas, e incineró nuestro amado Dream Shed, la única estructura que habíamos edificado.

Mi retiro no terminó hasta el mediodía. No tenía idea de qué estaba sucediendo.

Jeff siguió tratando de contactarme. Cuando no pudo, se subió a su camioneta y se puso en marcha hacia nuestra casa.

Hay condiciones que hacen que una zona sea propicia para un

incendio forestal. Todas esas condiciones estaban presentes en el condado de Boulder cuando comenzó el incendio Marshall. El verano anterior había sido cálido y atípicamente lluvioso, lo cual produjo una gran floración de gramíneas. Pero nosotros vivimos a una gran altura, con muy escasa humedad, y ese suelo espeso cubierto de malezas y hierbas secas se convirtió en la yesca que usarías para encender una fogata. Aquel invierno había apenas nevado, así que había muy poca humedad en la tierra o sobre ella cuando los vientos salvajes comenzaron a propagarse por nuestras comunidades a ciento noventa kilómetros por hora, removiendo la tierra y secando todo aún más.

Lo único que se necesitaba era una chispa.

## ¿EN QUÉ ESTADO SE ENCUENTRA TU ALMA?

¿Qué es lo que más te importa en la vida, lo que sientes que marca las pautas de tu bienestar general?

¿Son tus relaciones? ¿Los miembros de tu familia? ¿La situación económica? A lo mejor, cuando piensas qué es lo más importante, piensas en tu vocación, tu trabajo, tu ocupación.

Cualquiera sea tu respuesta, hay una realidad profunda muy por debajo de esas condiciones superficiales: lo que en realidad determina si te desarrollas o no en cualquier área de la vida es... *la sanidad de tu alma.*

Es posible que nunca te hayas planteado que tu alma pudiera estar sana o enferma. La mayoría no pensamos demasiado en el estado de nuestra alma. Es verdad que la salud del alma es difícil de describir, difícil de discernir. Pero he aprendido que, silenciosa y poderosamente, el bienestar de tu alma es lo que impulsa todo lo que te importa.

La evidencia a nuestro alrededor y en nuestro interior, sin embargo, muestra con cuánta facilidad se subestima esta realidad. El alma de muchas personas, como el matorral del paisaje que rodea a Boulder, está a una chispa de distancia de la devastación.

Este libro es una invitación a que medites honestamente en el bienestar de tu alma, aceptes con compasión lo que sea que encuentres en ella y veas tu desgaste y tu agotamiento como una invitación para encontrarte con Dios, disfrutar del descanso y explorar el nuevo camino a seguir.

Para eso debemos comenzar con una pregunta esencial: *¿En qué estado se encuentra tu alma?*

Si visualizas tu alma como un paisaje que se extiende en toda dirección, una tierra virgen e inalterada por la humanidad o las comodidades modernas, ¿qué ves? Puede ser que tu alma se sienta como debe: un lugar vibrante, lleno de vitalidad y belleza natural, con montañas y ríos, flores silvestres y pastizales. Si bien es cierto que el alma es un misterio, percibimos el terreno. De alguna manera, sabemos que lo más profundo de nuestro ser fue creado para estar lleno de vida y complejidad: colinas onduladas y árboles imponentes, aves cantando desde todas las ramas, animales de todas las especies bramando por las verdes llanuras. Todo está bien. Todo está completo.

Cuando observas el ecosistema de tu alma, ¿te sientes alegre y en plenitud? El alma vibrante está en contacto con Dios, se conecta genuinamente con los demás y se dedica a tareas importantes. Tiene espacio para el silencio, la tranquilidad y la paz interior, sin importar qué situaciones imponga la vida.

Puede ser que esto no se parezca en nada a tu alma. Puede que te hayas vuelto más cínico, que hayas notado que eres más áspero, que sientas como si estuvieras desmoronándote cada vez más, aislándote de los demás. La persona que tiene el alma reseca vive quemada; poco a poco se derrumba emocional, espiritual y físicamente. Por lo tanto, tal vez el paisaje de tu alma está marchito por la sequía: la tierra está resquebrajada; la vegetación está seca y se empeña en crecer. Toda la flora y la fauna han desaparecido. El ecosistema entero se tambalea hacia el colapso. Las nubes de polvo llegan desde lejos, ahogando la luz del sol.

¿Te suenan conocidas estas condiciones? Cuando el desgaste y el agotamiento comienzan a definir nuestra vida interior, a menudo usamos la misma terminología para describir cómo nos sentimos. Imaginemos que le preguntamos a un amigo: «¿Cómo te va? ¿Cómo estás en realidad?». Sus respuestas podrían ser: «Me siento tan... seco. Me siento... muerto de sed»; «Ando sin energía»; «Estoy casi en cero»; «No me queda combustible en el tanque».

Sabemos qué quiere decir eso y cómo se siente. La mayoría hemos estado así en algún momento de la vida. Pero lo que muchos no nos damos cuenta es que de lo que en realidad estamos hablando es del estado de nuestra alma. Cuando sentimos esa carencia extrema, ese tipo de agotamiento al que no le encontramos salida, solemos seguir ignorando que es nuestra alma la que está agrietada y desnutrida, árida, ardiente e irritable. Estamos incómodos. Todo es poco satisfactorio.

Hace tres mil años, un poeta hebreo escribió estas palabras en el texto antiguo de los Salmos, y aún hoy lo identificamos como la expresión de la desesperación de un alma sedienta:

> ¿Por qué estás tan abatida, alma mía?
>     ¿Por qué estás tan angustiada?
>
> SALMO 43:5, NVI

Sabemos que es posible tener una vida interior abundante y floreciente. Tenemos la sensación de que nuestra existencia debería estar más conectada, más alineada. Ansiamos algo más, cierto alimento que no se ha materializado, y seguimos preguntándonos hacia dónde se dirige nuestra vida. ¿No deberíamos sentirnos más vivos que ahora? ¿Dónde está la vida plena que anhelamos?

Cuando el alma está profundamente reseca, el antiguo matorral exuberante se convierte en combustible. Este pronto puede estallar en llamas y causar una destrucción terrorífica.

Lo único que hace falta es una chispa.

Era 1995, y yo no tenía idea de que estaba a punto de derrumbarme.

Estaba cansada. Había estado trabajando mucho a causa de presiones económicas y no había miras de que se terminaran pronto. Mi esposo y yo comenzábamos una iglesia nueva en Boston (Massachusetts), algo difícil de lograr en un lugar relativamente difícil. Habíamos puesto en marcha este flamante proyecto de la manera más difícil: completamente solos. Promediando los años que pasamos allí, yo me ocupaba de todas las responsabilidades administrativas de la organización (la contabilidad y las comunicaciones) y, a la vez, reclutaba voluntarios, capacitaba a grupos de líderes, buscaba maneras de seguir involucrando a nuestros donantes y dirigía al menos tres grupos pequeños. Teníamos un hijo de dos años, y yo estaba embarazada de seis meses del segundo. Algunas noches, me quedaba despierta hasta la 1:30 de la madrugada en Kinko's, escribiendo e imprimiendo nuestro boletín para recaudar aportes. Por la mañana, empezaba a trabajar a primera hora para redactar notas personales, escribir las direcciones en los sobres y enviarlos por correo. Corría para cumplir mis tareas a lo largo de todo el día... luego, lo mismo al siguiente... y al otro.

Mientras tanto, como muchos fundadores de iglesias, Jeff trataba de dirigir desde un lugar muy subestimado. Mi fuerte esposo (un futbolista que jugaba en la Ivy League) no podía levantarse de la cama por las mañanas. Se había vuelto iracundo, incluso paranoico en ocasiones. Aunque no contaba con el vocabulario para comunicar lo que le estaba pasando, es probable que estuviera atravesando una depresión química. Lo único que sabía era que él tenía problemas y que yo tenía que esforzarme más para seguir haciendo funcionar todo lo que teníamos entre manos.

Emocionalmente, solo me sentía cómoda con lo que «fluía». ¿Te suena conocido? Podía permitirme sentir alegría, esperanza y optimismo, pero no tenía idea de cómo reubicarme en un terreno emocional marcado por la tristeza, la confusión, el dolor o la desesperación. Cada vez que alguien me preguntaba cómo estaba, respondía que, desde luego, ocupada; pero la verdad era que mi vida estaba desbordada y apenas podía seguir adelante. Jeff estaba dando su propia batalla contra la desesperación; no había manera de que me permitiera caer en lo mismo.

Así que luché más. Ignoré mi enojo, mi tristeza y toda señal de agotamiento. Trabajé más. Me dije a mí misma que era solo una etapa. Me esforcé más. Ayudé a Jeff a planear reuniones y a escribir sermones, y comencé otra célula porque... vamos, ¿quién más lo iba a hacer? Era la esposa del pastor y la voluntaria no remunerada sin título. Manejaba todo lo «administrativo» de nuestra diminuta e incipiente familia e iglesia. Hice lo que se tenía que hacer.

Hasta que no pude más.

Y la leña se prendió fuego en algún lugar cerca de mi cerebelo y del nervio óptico.

Cuando me desperté la mañana del sábado 18 de marzo de 1995, todo lo que había en mi campo visual se movía. Las imágenes eran nítidas, pero se desplazaban todo el tiempo de manera imprevisible. Abrí y cerré los ojos con fuerza, pero el mundo seguía dando vueltas. Cerré los ojos un minuto y sacudí la cabeza. ¿Qué estaba pasando?

Cuando volví a abrir los ojos, nada había cambiado. Al otro lado del pasillo, mi hijo lloraba para que lo sacara de su cuna, así que anduve a los tumbos hasta la puerta para ir a buscarlo, pero en cambio, tuve que entrar al baño y vomitar. *¿Qué podía ser más normal que una embarazada que vomita? Sin duda, no era para nada extraordinario.*

Pero el domingo a la mañana, fue evidente que algo estaba muy mal. No podía caminar bien. No veía con claridad. No podía parar de vomitar. Y Jeff tenía que irse para llegar a la iglesia. El espectáculo debe continuar, ¿no? Ni siquiera en nuestra iglesia de unas dieciséis personas podíamos hacer una pausa un domingo. No podíamos decir: «Necesitamos ayuda».

Me quedé en casa, pero, unas horas después, llamé a una amiga y le pregunté si podía llevarme al hospital. Los doctores me instaron a que fuera a Emergencias porque estaba gravemente deshidratada y mostraba signos de parto prematuro. Ya no era algo solo desagradable; estaba volviéndose peligroso.

Vomité durante todo el camino al hospital, durante todo el proceso de admisión, en el elevador y por el pasillo hasta mi habitación. Pobre mi amiga...

Una vez que los médicos detuvieron el trabajo de parto prematuro y volvieron a hidratarme por vía intravenosa, volví a casa. Pero mis síntomas no mejoraron. Mis vecinas, mis amigas, mi madre, mi suegra: todas se turnaron para venir a ayudarnos con la comida y a mantener el funcionamiento de la casa mientras yo yacía en cama, completamente inútil. Al cabo de tres semanas que luego serían meses, mis ojos comenzaron involuntariamente a hacer movimientos para tratar de seguirle el ritmo a mi nuevo mundo vertiginoso.

No podía salir de la cama. No podía caminar de un cuarto al otro. No podía mirar televisión, leer ni hacer nada. Solo podía comer con los ojos tapados: era de la única manera que podía evitar marearme por el movimiento constante.

Me sentía prisionera de mi propio cuerpo.

Lo que no me daba cuenta era que mis síntomas físicos estaban gritando una verdad más profunda.

Mi cuerpo estaba hablando.

Mi alma, frágil y reseca, estaba en llamas.

La cosa no terminó allí. Durante los años siguientes, ese fuego terminó iluminando un camino que ha marcado mi vida desde entonces.

## ¿TENGO PAZ EN MI SER?

Como desde hace tantos años trabajo con personas y organizaciones de todo el mundo, he podido descubrir que mi experiencia personal con el trabajo excesivo y los síntomas consiguientes de abatimiento del alma distan de ser exclusivos. De hecho, a veces, cuanto más dedicado está uno a servir a los demás, más probable es que esté operando a partir de un grave déficit en lugar de la sobreabundancia.

¿Cómo es posible que, en casi todo lugar al que voy, las personas relacionadas con Dios se estén muriendo en su interior? Están secas, consumidas y aun marchitas; pero... el espectáculo debe continuar, y hay trabajo que hacer.

Esto es lo que descubrí: no estamos pensando en el alma de la manera correcta. Suponemos que tenemos paz en nuestro ser, como lo confirma el tan querido himno, porque somos salvos. Pero si ese fuera el caso, ¿por qué sentimos tantos de nosotros que algo en nuestro interior se está muriendo?

Es porque hay una diferencia entre que un alma sea *salva* y que esté *bien*.

Para las personas que, como yo, crecimos en la iglesia, la única vez que hablamos del alma humana es con respecto a su destino eterno. Las almas están perdidas o encontradas, son salvas o no salvas, y, en la mayoría de los contextos, una vez que comenzamos una relación con Jesús, se terminó la «conversación sobre el alma». No hay más de qué hablar. El trato está cerrado. Nuestras almas están establecidas.

Como consecuencia, carecemos de imaginación para el bienestar de nuestra alma. No hay justificación para cuidarla. Tampoco hay un lenguaje sobre cuáles podrían ser los síntomas de un alma que no está bien. Y, a causa de esto, millones de seguidores devotos de Jesús sufren por dentro. Terriblemente. Aunque el sufrimiento sea parte de la condición humana mientras estemos de este lado de la eternidad, la devastación interior no tiene que serlo. Podemos aprender a cuidar el bienestar de nuestra alma en cualquier circunstancia.

¿Cómo lo sabemos? Ten en cuenta lo que Jesús nos dijo sobre el alma:

> ¿Y qué beneficio obtienes si ganas el mundo entero pero pierdes tu propia alma? ¿Hay algo que valga más que tu alma?
> MATEO 16:26

La respuesta a esta famosa pregunta retórica es obvia: *nada*. ¡Nadie obtiene beneficio alguno si gana el mundo entero y pierde su propia alma!

Pero ¿a quiénes está dirigida esta pregunta?

A menudo pensamos que Jesús se la hace a la persona que todavía no lo conoce. Cuando la leemos como una apelación evangelística, escuchamos algo como: «¿De qué te serviría perseguir la fama y la fortuna si pierdes la eternidad con Dios?».

Pero ¿y si nos equivocamos? ¿Si él estuviera hablándonos a quienes ya lo conocemos?

Al comienzo del párrafo de Mateo 16, descubrimos algo importante. Jesús no dirige esta pregunta a la gran multitud, a los curiosos y a los incrédulos. No, está hablándoles a sus discípulos, a las personas que ya tienen una relación profunda con él. Literalmente, está hablándoles a quienes lo dejaron todo para seguirlo.

Entonces, ¿qué quiere decir Jesús cuando les habla de perder su alma? ¿Cómo podría un discípulo de Jesús (en aquel momento o ahora) perder su alma?

La palabra original en griego, traducida como «alma» en el versículo 26 (*psychē*), nos ayuda a profundizar nuestra comprensión. Muchas traducciones de la Biblia incluyen una nota al pie que aclara que la palabra que se traduce como «alma» es *psychē*. Y, lo que es más importante, es la misma palabra usada en el versículo 25, excepto que allí *psychē* está traducida como «vida»:

> Si tratas de aferrarte a la vida, la perderás, pero si entregas tu vida por mi causa, la salvarás.
>
> MATEO 16:25

Enseguida asociamos al versículo 25 con el discipulado incondicional: la vida de sacrificio y de verdadera devoción. Entonces, ¿por qué tan a menudo consideramos la misma palabra en el versículo siguiente una apelación evangelística? No tiene ningún sentido cambiar radicalmente de oyentes de una frase a la otra.

¿Qué está pasando aquí? *Psychē* se traduce indistintamente como «alma» y como «vida» porque el concepto bíblico del alma humana está inseparablemente entrelazado con el concepto de la propia «vida» en general.

Tu alma, tu *psychē*, tu vida es todo lo que hace que tú seas tú. En el Antiguo Testamento, encontramos el mismo concepto con la palabra *nephesh*[1].

El antiguo concepto bíblico de alma es consistente en el Antiguo Testamento y en el Nuevo: el alma representa la persona de uno en su totalidad, la completitud de la propia existencia. No es una cosa amorfa que flota a la deriva cuando nos morimos o que se enciende mediante un interruptor inerte la primera vez que le entregamos nuestra vida a Dios. De una forma invisible, el alma integra y une todas las dimensiones de nuestra condición de persona.

Tu alma no es simplemente un estado interior del ser que tiene una condición binaria. Salvo o no salvo. Perdido o encontrado. Irá al cielo o no irá al cielo. Mi amigo Dallas Willard, filósofo y académico, describe al alma con una bella metáfora en su libro *Renueva tu corazón*:

> Nuestra alma es como un manantial interior que aporta fortaleza, dirección y armonía a los demás elementos de nuestra vida. Cuando este manantial es como debe ser, vivimos una experiencia constante de refrigerio y fecundidad en todo lo que hacemos, ya que el alma

> misma está en este caso profusamente arraigada en la inmensidad de Dios y de su reino que incluye la naturaleza; todo lo que hay en nosotros es vivificado y dirigido por este manantial[2].

Muchas personas devotas de Dios —con convicciones firmes en cuanto a Dios y que incluso han sido salvadas por Dios— viven todo menos un mundo interior exuberante. No solo tienen el alma reseca; se sienten como si su alma se estuviera quemando por completo.

Las llamas siguieron propagándose hacia el este, avivadas por vientos huracanados. Unos muy queridos amigos que vivían al lado de Whisper Ranch llamaron al 911 para informar que había humo subiendo por la ladera. Cuando la operadora se dio cuenta de dónde vivían, les suplicó que se fueran de allí. De inmediato. Se marcharon con su perro, un teléfono celular, una guitarra y (pronto se dieron cuenta) sus vidas. Se alejaron hasta una distancia segura y se voltearon para contemplar, horrorizados, como su casa, en la cima de la meseta, era devorada por las llamas.

Mientras tanto, al fin Jeff logró contactarme por teléfono. Me preguntó si estos amigos nuestros podrían refugiarse en nuestra casa en la ciudad vecina. «¡Por supuesto!», le dije. Pero, para cuando llegaron, nosotros también estábamos considerando evacuar. El hollín que flotaba en el aire y el color del cielo eran inquietantes. Según la información que llegaba, un Starbucks que había en las cercanías estaba acorralado por el fuego. El viento soplaba cada vez más fuerte.

No mucho después de que Jeff y yo decidiéramos que sería mejor irnos, llegó la orden de evacuación.

*¿Qué agarrarías si tuvieras que dejar tu hogar por un incendio?* Esta es una buena pregunta para romper el hielo. Pero, sin duda, en la vida real no logró que surgieran mis mejores ideas. En ese estado de pánico, tomé cuatro pares de botas... y once prendas de ropa interior. Eso fue todo. Puedes imaginar las bromas bien merecidas que ahora me hacen al respecto. ¿A dónde creía que iba? (Una amiga sí se solidarizó conmigo, ya que observó que me llevé las cosas esenciales y las más caras. Estaba siendo amable, pero lo aceptaré).

Mi mente estaba en modo «lucha o huye». No tenía suficiente margen como para tomar decisiones prácticas. Tal es a menudo el estado en el que nos encontramos cuando la vida llega a ese nivel de caos e imprevisibilidad. A veces, cuando todo lo que nos rodea amenaza con incendiarse, agarrar inútilmente ropa interior y botas puede ser el alcance de nuestra capacidad para razonar y planear.

Esa tarde, nuestro coche se sumó en la carretera a unas treinta mil personas más que también habían evacuado sus hogares huyendo del infierno que se aproximaba. Tardamos una hora y media en recorrer seis kilómetros. Unos amigos de Lafayette que estaban de vacaciones en las montañas nos ofrecieron gentilmente su casa vacía. Aceptamos. Tras un breve tiempo tratando de orientarnos para llegar, instalarnos y ver cómo estaban nuestros seres queridos en todo el condado de Boulder, nos enteramos de que ahora Lafayette también estaba bajo órdenes de evacuación. Era hora de volver a partir. Decidimos subir caminando por las montañas para reunirnos allí con nuestros amigos.

Cuando Jeff y yo nos pusimos en marcha otra vez, el panorama era casi increíble. Toda la zona relampagueaba en naranja contra la oscuridad que se aproximaba, como si un volcán subterráneo se hubiera colado a través de los campos y las calles. Las fuertes llamas se alzaban hacia al cielo del crepúsculo. Atravesamos Denver a una distancia prudencial, pero el incendio que se veía en el condado de Boulder parecía haber destruido gran parte de lo que habíamos dejado atrás.

Pronto nos dimos cuenta de que había un obstáculo más en este nuevo camino hacia la seguridad. Debíamos manejar de noche por curvas cerradas y precipicios abruptos, por caminos oscuros y congelados para subir hacia el paso Berthoud a más de tres mil cuatrocientos metros de altura, en medio de vientos huracanados que amenazarían la estabilidad de nuestra camioneta. Cuando frenamos para replantearnos el plan, estábamos emocional y físicamente exhaustos, no sabíamos a dónde más podíamos ir o cuánto tiempo necesitaríamos para llegar.

Recién cuando llamé a una amiga en Denver, encontramos al fin un lugar para descansar.

«Estuvimos viendo las noticias y pensando en ustedes —dijo ella sin titubeos—. Vengan. Ahora mismo. Pueden quedarse en la planta superior de la casa todo el tiempo que necesiten».

Cuando finalmente terminamos de vuelta en Denver, nos higienizamos del día de caos y ansiedad y pusimos las noticias. Estábamos desesperados por saber hacia dónde estaba yendo el fuego y cómo lo estaba sobrellevando nuestra comunidad. Sentados en el sofá de nuestra amiga, totalmente agotados, las imágenes en la TV confirmaron nuestros peores miedos.

Nuestra zona se estaba incendiando.

## VIVIR CON EL ALMA RESECA

Nos desanimamos cuando nos llegan noticias de que las personas que estimamos y respetamos de repente fracasan, sus vidas se incendian. *¿Cómo pudieron hacer eso?*, nos preguntamos. ¿Acaso les falló el juicio súbitamente? ¿Cometieron un error puntual? ¿Cómo es posible que alguien renuncie a tanto por lo que parece ser tan poco?

La realidad es que, para muchos, el panorama de su vida estaba preparado para el desastre. Puede ser que, bajo circunstancias normales, una llamita no hubiera causado semejante destrucción. Puede ser que encontraran algo a lo que podrían haberse negado, de lo que podrían haberse alejado. O quizás deberían haber dicho la verdad al respecto de algo. Pero cuando el estado del alma de una persona es insano y está trastornado, muchas cosas muertas comienzan a acumularse; estas pueden ser la leña suficiente para avivar una cantidad increíble de destrucción.

Tal vez reconoces el sentimiento.

La muerte de un sueño.

El sentimiento de que Dios te ha abandonado.

El fracaso.

La soledad del liderazgo.

El sentimiento de estar estancado en el desarrollo profesional.

El desgaste en el trabajo.

La sensación de que tu fe está flaqueando.

Las presiones sobre las relaciones.

La ansiedad por el futuro.

Hasta el éxito puede generar pilas de leña en un alma.

Me ha llevado mucho tiempo sentirme cómoda con la exploración de cómo se conectan el incendio Marshall y el estado del alma humana. Ahora, habiendo sobrevivido esto el año pasado (los primeros incendios, las secuelas terribles y el lento trabajo de reconstrucción), veo los paralelos con bastante claridad: las condiciones previas, comunes a la tierra antes de un incendio, también pueden encontrarse en nuestra alma. Nosotros también estamos en grave peligro cuando las circunstancias traumáticas nos atrapan en el momento en que el alma pasa por la sequía.

El alma reseca genera una sed que pareciera que no podemos saciar. Solo cuando cuidamos nuestra alma es cuando nos encontramos cerca del agua que da vida.

Un antiguo poeta hebreo señaló cómo es la vida inmersa en Dios:

> *Son como árboles plantados a la orilla de un río,*
> que siempre dan fruto en su tiempo.
> Sus hojas nunca se marchitan,
> y prosperan en todo lo que hacen.
> SALMO 1:3 (ÉNFASIS AÑADIDO)

«Como árboles plantados a la orilla de un río».

Sin agua, nos marchitamos. Nuestra alma se seca. Se vuelve árida. Caliente. Susceptible. Molesta. Al borde de la desolación. Básicamente, improductiva; incluso contraproducente.

A veces, en las primeras etapas de la sequía, podemos seguir apagando los focos de incendio localizados de nuestra alma. Evitar un pequeño desastre por aquí, otro por allá. Estas llamaradas aparecen de repente, y apenas somos capaces de mantener las cosas bajo control. Seguimos repitiéndonos que todo saldrá bien: «Todo está bien».

Algunos podemos apagar los fuegos localizados hasta que algo imprevisible (una pandemia mundial, la pérdida de un trabajo, la muerte repentina de un ser querido) altera todos nuestros ritmos.

Cuando un viento fuerte entra de repente en nuestra vida, hasta una pequeña chispa puede provocar que todo se incendie.

Nadie tiene la intención de que un incendio forestal haga estragos en su alma. No es nada divertido. Por fortuna, la destrucción que arrasó con mi alma reseca no fue el final de mi historia. Y no tiene por qué ser el final de la tuya.

## REFLEXIONES PARA CUIDAR EL ALMA

1. En tu vida, hasta el día de hoy, ¿qué es lo que más ha moldeado tu entendimiento del alma humana?
2. Analiza qué cosas en tu vida podrían estar creando las condiciones para que se incendie tu alma. Escríbelas y habla de estas cosas con un amigo de confianza o un consejero.
3. ¿Cómo sería tu vida si estuvieras «plantado a la orilla de un río»? ¿Qué pasos concretos podrías dar para parecerte más a ese árbol?
4. ¿Te resulta fácil o difícil imaginar que el bienestar de tu alma dirige todo lo que es importante para ti? ¿Estás de acuerdo o no con esta idea?
5. ¿Cuáles son los síntomas que indican que tu alma no anda tan bien? ¿Cuáles son las señales de sanidad y vitalidad?
6. Si tu cuerpo pudiera hablar en este momento, ¿qué te diría? ¿Qué tan fuerte debería hacerlo para que lo escucharas?

2

# RECUPERA TU VIDA

## Aprende los ritmos naturales de la gracia

Aspectos tan esenciales de la vida como el arte, el descanso, la sexualidad, los ritos, las familias (las raíces), la paternidad, la comunidad, la salud y el trabajo con sentido, son todo ello funciones del alma y en la medida en que el alma se deteriora estas cosas no funcionan y acaban viniéndose abajo.

**DALLAS WILLARD,** *Renueva tu corazón*

Luego de cuatro hospitalizaciones durante los primeros meses de 1995, las cuales no mejoraron mis síntomas físicos, llegué a la más profunda desolación.

*Dios, ¿qué está pasando? ¡Pensé que estábamos en el mismo equipo! He trabajado arduamente para servir bien, pero ahora las cosas no se están realizando. Esto no es estratégico.*

Los neurólogos a los que consultaron mis médicos no podían explicar mi extraño conjunto de síntomas. Por lo tanto, no podían ofrecer ninguna esperanza en cuanto a cómo o cuándo podría mejorar... o si incluso podría mejorar. Empecé a desmoronarme emocionalmente.

*¿Cómo terminará esto? ¿Qué sucederá cuando llegue este bebé?*

—Suena a que te sientes como en un desierto —me comentó una amiga mientras hablábamos por teléfono.

—¡Totalmente! ¿Cómo salgo del desierto? —le pregunté, desesperada por recibir el consejo adecuado.

Percibí su bondad a través del teléfono.

—Mindy, si Dios te lleva al desierto, ve al desierto y aprende lo que el desierto tiene que enseñarte.

No fueron las palabras que quería escuchar.

Cuando experimentamos mucho dolor y sufrimiento, nos cuesta creer que exista alguna manera de que Dios nos encuentre donde estamos. El desierto se convirtió, sin embargo, en el lugar de reencuentro que mi alma necesitaba con tanta desesperación. En la aridez del desierto, encontré una nueva esperanza.

Sentí que Dios me guiaba hacia un versículo que yo les pedía a los integrantes de los grupos pequeños que memorizaran:

> Ciertamente, yo soy la vid; ustedes son las ramas. Los que permanecen en mí y yo en ellos producirán mucho fruto porque, *separados de mí, no pueden hacer nada.*
>
> JUAN 15:5 (ÉNFASIS AÑADIDO)

En el silencio de aquel momento, el Espíritu susurró con dulzura: *¿Qué parte de «nada» no entendiste?*

Al final, resultó que yo no entendía mucho sobre nada.

Las Escrituras me reconfortaron diciéndome que no había dónde huir de la presencia de Dios y que no había nada que pudiera separarme de él (ver Salmo 139 y Romanos 8:35-39). Si yo nunca estaba separada de Dios en realidad, ¿por qué aparecía sobre la mesa el «no pueden hacer nada»?

Más allá de que lo entendiera yo o no, sin embargo, mi realidad era innegable: yo estaba haciendo una gran cantidad de nada.

De esa nada surgió la voluntad de hacer preguntas nuevas,

de buscar nuevos tipos de ayuda y, en definitiva, de encontrar una nueva forma de vivir. Una forma de vivir que me mantuviera conectada con Dios en tiempo real, no solo a las ideas o los pensamientos sobre Dios, por más sinceros que fueran.

Fue entonces cuando comencé a recuperar mi vida.

Los neurólogos me habían urgido que buscara ayuda emocional, ya que, más allá de cuál fuera la verdadera causa de este vértigo, mi condición mental deteriorada sin duda imposibilitaría mis probabilidades de recuperarme. En esa época, encontrar un terapeuta cristiano en alguna parte de Nueva Inglaterra parecía poco probable, pero resultó que el consultorio del Dr. Lombardi estaba a pocas cuadras de donde vivíamos. No teníamos dinero para que yo fuera a terapia. Y, aunque lo hubiéramos tenido, lo normal hubiera sido que no me tomara un tiempo para hacer algo que me ayudara. Pero esto era diferente. Los riesgos eran altos. Cuando tuve suficiente estabilidad como para caminar, fui a su consultorio. Estaba desesperada por recibir ayuda.

Recuerdo que me aferré a la pared de afuera para sostenerme mientras bajaba la escalera con cautela hacia su consultorio diminuto en el subsuelo. Mi fuerza y mi estabilidad se habían deteriorado tras meses de falta de equilibrio e inactividad. Él indagó sobre mi familia de origen y me hizo preguntas sobre los últimos cinco años desde que habíamos llegado para iniciar esta iglesia. Se mostró compasivo ante los síntomas físicos que yo estaba experimentando y, por primera vez desde que esto había empezado, escuché algo que se sintió como el principio de una respuesta.

—Mindy —dijo con una voz tierna y, a la vez, seria—, yo no puedo hablar desde una perspectiva biológica acerca de tus síntomas, pero desde una perspectiva psicológica, has obligado a salir de tu cuerpo lo que jamás saldría de tu boca.

Yo estaba confundida. Él continuó:

—La palabra *no*.

Sentí que mis ojos se llenaban de lágrimas. Asentí, pero no dije nada.

—Tu cuerpo está diciendo que "no" —prosiguió—. Tu cuerpo te dice: "No puedo seguir haciendo esto. No puedo sostenerlo todo".

Hoy, entendemos mucho más sobre cómo el cuerpo aloja el trauma, cómo «habla», cómo tiene un sentido común que ha sido largamente ignorado. Pero incluso en aquella época de mi vida, antes de que esta clase de lenguaje o conocimiento se difundiera, empecé a experimentar esta realidad. A medida que seguí creciendo y sanando, noté que la Biblia se refiere al cuerpo de maneras nuevas.

Por ejemplo, conocía muy bien el versículo que promete: «Confía en el Señor con todo tu corazón; no dependas de tu propio entendimiento. Busca su voluntad en todo lo que hagas, y él te mostrará cuál camino tomar» (Proverbios 3:5-6). Pero, ahora, veía los siguientes dos versículos de una nueva manera, ya que hablan de la salud del cuerpo: «No te dejes impresionar por tu propia sabiduría. En cambio, teme al Señor y aléjate del mal. Entonces dará salud a tu cuerpo y fortaleza a tus huesos» (Proverbios 3:7-8).

¿Salud para mi cuerpo? ¿Fortaleza a mis huesos? Estaba aprendiendo que, si me mantenía atenta a Dios, podía experimentar algo diferente, aun en mi cuerpo físico.

Otro versículo, Gálatas 2:20 (NVI), se convirtió en un himno para mí mientras recuperaba mi vida: «He sido crucificado con Cristo, y ya no vivo yo, sino que Cristo vive en mí. Lo que ahora vivo en el cuerpo, lo vivo por la fe en el Hijo de Dios, quien me amó y dio su vida por mí».

No sabía si recuperaría mi vida en lo físico, pero estaba decidida a que, si lo hacía, viviría por fe. Confiaría en la presencia de Dios y estaría conectada con él en tiempo real.

## ÉL ME HACE DESCANSAR

Cuando sobrepasamos nuestros límites físicos, mentales y emocionales, creo que Dios, el amable y buen Pastor, realmente nos *hace* descansar si no tenemos la sensatez de hacerlo nosotros mismos:

> El Señor es mi pastor, nada me faltará.
> *En* lugares *de verdes pastos me hace descansar;*
> junto a aguas de reposo me conduce.
> *Él restaura mi alma;*
> me guía por senderos de justicia
> por amor de su nombre.
>
> Aunque pase por el valle
> de sombra de muerte,
> no temeré mal alguno, porque tú estás conmigo;
> tu vara y tu cayado me infunden aliento.
> Tú preparas mesa delante de mí
> en presencia de mis enemigos;
> has ungido mi cabeza con aceite;
> mi copa está rebosando.
> Ciertamente el bien y la misericordia me seguirán todos los días de mi vida,
> y en la casa del Señor moraré por largos días.
>
> SALMO 23:1-6, LBLA (ÉNFASIS AÑADIDO)

Hacer descansar a alguien cuando el descanso es una necesidad urgente puede ser una expresión de amor.

Préstame atención en lo siguiente: no estoy sugiriendo que toda enfermedad o dolencia humana deriven de un alma poco sana. Lo que sí digo es que nuestro mundo interior y nuestro mundo físico están mucho más integrados de lo que solemos darnos cuenta, mucho más de lo que nuestras formas de pensar acerca de Dios y del mundo, por lo general, la permiten.

Si aprendemos a escuchar a nuestro cuerpo, nuestras emociones y nuestra salud mental, comenzaremos a aprender más sobre el estado actual de nuestra alma y descubriremos un nuevo camino a seguir.

## RECUPERA TU VIDA

Cuando comencé a reflexionar sobre mi vida, me di cuenta de que había estado operando según mi propia sabiduría y mi propia fuerza. Un autor describió esto como «ateísmo práctico»[1], un término que, sin duda, me describía. Por supuesto que yo estaba comprometida a servir a Dios y a las personas que me rodeaban; además, si alguien lo hubiera preguntado, habría dicho que creía, confiaba y dependía de Dios.

En contraposición directa a esos sentimientos, sin embargo, trabajaba más, me esforzaba más, trataba de hacer todo lo que podía y dependía de mis propias fuerzas, mi sentido común y mis habilidades. Sé que no soy la única en esto. Cuando vivimos de esta forma, la mayoría terminamos de la misma manera: extenuados, al límite y, quizás, un poco resentidos de que, en medio de nuestro servicio fiel, estemos hundidos por completo.

Te tengo una buena noticia: hay otras opciones.

Me gustaría que te tomes un momento y leas este pasaje de la traducción *The Message* (El Mensaje) que, desde hace un tiempo, me ha dado una visión de la clase de vida que anhelo vivir en este mundo, trabajando con Dios para propiciar el bien. Sospecho que tú deseas vivir una vida similar. Si es así, date el permiso para escuchar la invitación en estas palabras de Jesús:

> ¿Están agotados?
> ¿Agobiados?
> ¿Hartos de la religión?
> Vengan a mí.
> Vengan conmigo y *recuperarán su vida.*
> Yo les enseñaré cómo reposar de verdad.
> Caminen conmigo y trabajen conmigo; observen cómo lo hago.
> Aprendan los ritmos naturales de la gracia.
> No voy a imponerles nada pesado ni incómodo.
> Acompáñenme y aprenderán a vivir libres y livianos.
> MATEO 11:28-30, MSG (ÉNFASIS AÑADIDO)

¿Cuántos de nosotros, después de años de servir y controlar —y, a veces, hasta manipular— podemos identificarnos con este primer versículo? Agotados. Agobiados. Hartos. Presta atención a los antídotos a estas condiciones:

- *Vengan a mí.*
- *Vengan conmigo.*
- *Tomen el verdadero descanso.*
- *Caminen conmigo.*
- *Trabajen conmigo.*
- *Acompáñenme.*

Ninguna de estas son exigencias. Son todas invitaciones sumamente relacionales.

¿Y el potencial?

- *Aprendan los ritmos naturales de la gracia.*
- *No lleven nada pesado ni fuera de lugar.*
- *Vivan libres y livianos.*

Amigas, amigos, esta clase de vida es completamente posible, por muy seco que esté el matorral, por más aislado que te sientas, por mucho que arda el fuego, a pesar de lo inmóviles y silenciosas que estén las cenizas de tu antigua vida que te rodean. Es posible que aún tengas por delante un tramo de recorrido para llegar. Aun así, ajustar tu corazón y tu mente, tu ser y tu alma en esta dirección está absolutamente a tu disposición.

Vuelve a leer estas palabras:

> ¿Están agotados? ¿Agobiados? ¿Hartos de la religión? Vengan a mí. Vengan conmigo y *recuperarán su vida.* Caminen conmigo y trabajen conmigo; observen cómo lo hago. Aprendan los ritmos naturales de la gracia. No voy a imponerles nada pesado ni incómodo. Acompáñenme y aprenderán a vivir libres y livianos.
>
> MATEO 11:28-30, MSG (ÉNFASIS AÑADIDO)

¿Puedes escuchar la invitación que te hace Jesús?

Estés donde estés y te sientas como te sientas al leer estas palabras, debes saber esto: hay esperanza.

Cuando nos percatamos de que es muy poco lo que podemos hacer por medio de nuestro poder, incluso para ocuparnos del dolor y el desgaste que hay en nuestra propia alma, cada vez se nos abren más los ojos a las maneras en que Dios puede restaurar nuestra vida.

Eso fue lo que yo descubrí. Cuando mis ojos comenzaron a moverse involuntariamente, tuvieron que hacerme una resonancia magnética para descartar la posibilidad de una forma poco frecuente de cáncer cerebral adolescente en el cual este tipo de movimiento ocular, llamado opsoclonia, suele ser un síntoma y un diagnóstico. No era frecuente que los médicos lo encontraran en adultos de mi edad. Aun así, después de que nació nuestro hijo, volví a realizarme otra resonancia magnética, esta vez con un «marcador» (dado que no era seguro usarlo durante el embarazo) para reconfirmar, gracias a Dios, que no había tumores.

¿Qué causaba que mis ojos se movieran? Bueno, se trata de un fenómeno bastante común llamado *compensación*, en el que el cerebro adapta al cuerpo físico para «contrarrestar» algo que el cuerpo está experimentando. Básicamente, mis ojos se movían sin control como reacción a la adaptación que intentaba mi cerebro a lo que el nervio óptico «creía» que veía: que todo se movía. Por lo tanto, en algún momento, mis músculos oculares empezaron a comportarse de una manera que habría seguido ese «movimiento». Qué extraño, ¿verdad?

Hay otras situaciones en las que el cerebro contrarresta lo que cree que es real. Una de ellas es cuando las personas sufren depresión. Algunas personas pueden tener una predisposición genética a la depresión y necesitan ayuda médica para volver a equilibrar químicamente su cerebro. No hay por qué avergonzarse de esto: del mismo modo que no debe causarte vergüenza usar anteojos o tomar insulina si tienes diabetes de tipo 1 o eres insulinodependiente. Pero, para muchos, lo que comienza como una depresión circunstancial (una serie de dificultades, quedarse sin reservas en una época particularmente exigente, la falta de apoyo) puede convertirse en una verdadera depresión química en tan poco tiempo como tres semanas. En otras palabras, el cerebro comenzará a reforzar bioquímicamente ese estado depresivo. Compensará o se adaptará a lo que se ha transformado en la «nueva normalidad». Involuntariamente, el conjunto de circunstancias difíciles puede integrarse a nuestra biología.

Con los años, he aprendido que esto es de dominio público en la medicina. Para nuestros propósitos, es un gran problema porque una vez que entras en una depresión química, debe ser tratada. A veces, estar más tiempo afuera, hacer ejercicio físico, mejorar el sueño y hacer otras cosas prácticas puede ayudarnos a salir... pero no siempre. A veces, necesitamos intervención médica. Es algo absolutamente apropiado. (Reconocer que necesitamos ayuda, sin importar de qué forma sea, puede ser un punto decisivo).

Poco a poco, pasamos de funcionar según nuestro propio poder, de esforzarnos, de luchar y de cerrar los puños a aceptar la invitación que Dios nos hace para descansar y plantarnos junto a sus manantiales sanadores (Salmo 1:3), donde, momento tras momento, día tras día, podemos funcionar en virtud de la realidad de que Dios es, ciertamente, real.

## REPLANTAR EN SUELO QUEMADO

En la casa de nuestra amiga, en Denver, nos quedamos pegados al televisor, viendo cómo las llamas arrasaban los vecindarios ubicados al norte de la ciudad. Alrededor de las 11:30 de la noche, casi doce horas después del incendio inicial, Jeff y yo nos incorporamos en el sillón y nos inclinamos hacia el televisor de nuestra amiga. Uno de los periodistas estaba en vivo en el lugar, concretamente, en nuestro vecindario.

Cuando vimos la peculiar casa rodante de un vecino en el fondo de la toma, nos dimos cuenta de que había una posibilidad de que nuestra casa todavía estuviera intacta. A la mañana siguiente, pudimos confirmarlo: nuestra casa seguía en pie. Quedó a una casa de distancia de ser destruida por completo, y, aunque había sufrido graves daños causados por el humo, había sobrevivido.

No todos fueron tan afortunados. Sesenta y dos casas de nuestro pequeño vecindario quedaron reducidas a cenizas. Dos mil cuatrocientas hectáreas de tierra se habían quemado. Casi mil cien construcciones habían sido destruidas, incluida nuestra estructura en Whisper Ranch.

Al día siguiente, la víspera de año nuevo, una nevada ligera y el trabajo de decenas de bomberos y socorristas acabaron con el incendio. Pero había dejado su huella. Nuestra comunidad tendría que enfrentar años y años de reconstrucción y recuperación.

Recuperar la tierra después de esa clase de destrucción es un proceso largo, caro y difícil. Algunas cosas (en general, las más personales) nunca se recuperan: las fotos físicas, las reliquias, los regalos de los hijos. La pérdida puede ser devastadora.

Lo mismo ocurre con nuestra alma. Lo que es más valioso para nosotros en una vida floreciente se puede llegar a perder en las llamas del desgaste: las relaciones, una profesión, la paz interior. El alma seca está al borde de la destrucción, y la destrucción del alma puede provocar años y años de pérdida, de dolor y de reconstrucción.

Sin embargo, nosotros no estamos destinados ni a la destrucción ni a la pérdida que conlleva. Las llamas no tienen que reclamarnos tan rápido. Cuando aprendemos a conectarnos a la vida que hay fuera de nosotros, descubrimos que nuestra alma está bien hidratada y la tierra lista para la vida recuperada. Por lo tanto, podemos evitar algunas formas de destrucción, a la vez que soportamos las circunstancias difíciles que se nos presentan.

Nadie saca a la basura el bienestar de su propia alma. Pero es algo que sí sucede a causa de la negligencia sincera, aun esforzada y creyente. Por otro lado, la salud del alma implica formas decididas y deliberadas de vivir conectados a la Fuente de la vida. Es el árbol plantado a la orilla de un río.

¿Por dónde podemos empezar a preparar nuestra alma para los días que vendrán? Y, si ya hemos experimentado la destrucción, ¿qué podemos hacer para que el paisaje de nuestra alma recupere la vida y la vitalidad?

Es natural que anhelemos avanzar con rapidez hacia lugares más cómodos. Queremos conocer el camino de salida de nuestro desierto.

Muchas veces, sin embargo, el primer paso es entrar en nuestros jardines de la desolación.

## REFLEXIONES PARA CUIDAR EL ALMA

1. ¿De qué has tenido sed últimamente? ¿De reconocimiento? ¿Alivio del dolor? ¿Quizás de una relación con Dios renovada?
2. ¿Qué es lo que más te lleva a vivir la presencia de Dios en tiempo real? ¿Una caminata por un entorno natural? ¿Los

animales salvajes? ¿Un atardecer? ¿Un amigo o familiar que amas? ¿La música, la danza, la escritura o la pintura? ¿Cómo podrías incorporar más de estas cosas en tu vida actual?

3. ¿Con cuál de estas descripciones del salmista te identificas más: la imagen del árbol plantado a orillas del río (Salmo 1:3) o la del ciervo anhelando las corrientes de agua (Salmo 42:1)? ¿Por qué? ¿En qué parte de tu vida percibes tu vitalidad? ¿En qué parte de tu vida percibes sequía?

4. Si estás reseco, ¿cuánto hace que te sientes así?

5. Repasa con atención el Salmo 23. Encierra en un círculo o subraya lo que te llame la atención en el día de hoy y haz una pausa para hablar con Dios de por qué eso es importante.

6. La leña que alimenta el incendio del alma puede adoptar muchas formas: la desilusión, la vergüenza, la tristeza, el remordimiento, la amargura, la sensación de estar atrapado o, incluso, las relaciones estropeadas. ¿Hay alguna de estas cosas en tu vida? ¿Reconoces de qué maneras están preparándote para la destrucción?

7. Para evaluar el estado actual de tu alma, visita: Soulcare.com/assessmentnav. (Recurso disponible solo en inglés).

3

# EL JARDÍN DE LA DESOLACIÓN

## Da lugar al dolor

A veces, debemos permitir que el dolor haga su voluntad con nosotros durante un tiempo. Es necesario que nos perdamos en el paisaje del dolor. Sin duda, es un terreno agreste y accidentado, pero es aquí donde conocemos nuestro yo más auténtico. Y es donde Dios nos encuentra.

**AMANDA HELD OPELT,** *A Hole in the World: Finding God in Rituals of Grief and Healing*
(Un agujero en el mundo: Encontrando a Dios en los rituales de duelo y de la sanidad)

Los primeros días y semanas posteriores al incendio Marshall, nuestra vida estuvo ocupada por las tareas de recuperación. Inspeccionamos nuestro hogar ennegrecido y tratamos de hacer los arreglos temporarios para vivir. Dividimos nuestras cosas entre lo que necesitábamos día por día, lo que iría a un depósito y lo que debía ir directamente al contenedor de basura. Hablamos con las aseguradoras, hicimos listas y detallamos nuestra vida.

También nos pusimos a inspeccionar Whisper Ranch para evaluar los daños y tratar de resolver qué hacer a continuación. Nuestros planes para ese espacio precioso habían incluido crear una especie de lugar para retiros, donde la gente pudiera venir a explorar y experimentar la revitalización de su alma.

Pero mientras caminaba por la propiedad, después del incendio, sentí como si ese sueño se extinguiera. Gran parte de la belleza que inspiraría la restauración de la vida se había incendiado: los pastos estaban calcinados, nuestra única construcción quedó destruida por completo y había tantos árboles quemados. A nuestro parecer, todo estaba más allá de toda capacidad de recuperación.

Sinceramente, estaba conmocionada. Caminar entre aquellos árboles carbonizados era devastador. Una profunda aflicción amenazaba con aplastarme, no solo por los árboles, sino también por todo lo que representaba su destrucción: nuestras esperanzas sobre la propiedad arrasada, nuestros amigos que habían perdido tanto y nuestra comunidad que estaba sufriendo. Aquellos árboles serían un recordatorio permanente de que el incendio había arrasado nuestra vida.

No tenía ningún deseo de regodearme en mi dolor ni de obsesionarme con la tragedia. ¡Nuestra comunidad estaba de duelo! Nuestra propiedad había quedado destruida y el hogar en el que habíamos vivido estaba gravemente dañado. *Empezar de nuevo* parecían las palabras más apropiadas. Necesitábamos limpiar el desastre que nos había dejado el incendio y volver a empezar.

Soy una persona enérgica que ve el vaso medio lleno, por lo que mi personalidad natural pronto fue al frente: era momento de pensar con optimismo, hacer un plan y avanzar para resolver el problema. Teníamos que seguir adelante, resolver cuáles serían nuestros próximos pasos, definir una meta y, luego, delinear el mejor plan para llegar desde aquí hasta allá.

Estaba lista para limpiar el terreno y comenzar de cero.

Lo cierto era, sin embargo, que no sabía ni qué hacer ni por dónde empezar. Seguí recorriendo ese paisaje desierto, zigzagueando entre las arboledas quemadas, pasando junto al cobertizo destruido, absorbiendo la devastación.

Llamamos a nuestro amigo Trevor, quien nos ayudaba en ese entonces con la administración de la propiedad, y él nos recomendó que la recorriéramos y, con pintura amarilla en aerosol, marcáramos los árboles que debíamos talar. Todo lo que no pudiera ser recuperado sería eliminado.

Trevor caminó por la ladera agitando el envase, *clac, clac, clac.* El olor a pintura en aerosol fue aumentando. Marcó cada árbol y algunas laderas completas que habían quedado carbonizadas sin esperanza alguna de regeneración y que debían ser desmontadas. Había, al menos, setecientos árboles en total. Cada marca amarilla sobre un tronco negro me cubría con una ola de tristeza. Sentí que me echaban sal sobre una herida abierta.

Cuando terminó, Jeff y yo nos reunimos con él en la cima de la colina y contemplamos la propiedad. Esas marcas amarillas eran chocantes. Había demasiados árboles marcados para morir. Ver la magnitud de lo que estábamos a punto de hacer produjo un cambio en mí y me surgió una idea.

—¿Y si esperáramos para retirar todos estos árboles? —pregunté. Los dos me miraron sorprendidos. Trevor acababa de dedicar horas al primer paso del plan para avanzar, un plan que yo había respaldado plenamente pero ahora cuestionaba.

Trevor se encogió de hombros.

—No hay apuro y, en realidad, no podemos hacer ninguna otra cosa en esta época del año.

—¿Qué te parece? —pregunté, volteándome hacia Jeff.

—Podemos esperar —dijo despreocupadamente.

—Pongamos una pausa —dije en voz baja, y de inmediato me colmó una sensación de alivio, aunque no podría haber expresado por qué ni qué esperaba—. Al menos, estos altos recordatorios carbonizados de la pérdida pueden proveer un hábitat para la vida silvestre.

Durante los meses siguientes, mientras seguía caminando por la propiedad, subiendo y bajando por los senderos sobre las piedras y los pastos, mirando hacia las montañas lejanas, dejé que la paz del lugar (aun devastado) se apoderara de mí. Me habló sobre la pérdida... y sobre la esperanza.

Estas colinas perdurarían. Estos sitios contenían historia. La tierra no está frenéticamente apurada por «recuperarse».

Sentí que algo en mí empezaba a sanar.

## BORRAR EL DOLOR

Cuando la devastación arrasa nuestra vida personal, ¿cuán a menudo nuestro primer impulso es seguir adelante, escaparnos, fingir que está todo bien? Sucede algo irrevocablemente terrible, pero de inmediato nos desesperamos por eliminar toda huella de ese dolor. Queremos perdonar y olvidar (o, quizás, solo olvidar). Despejar la cosa y pasar a lo que sigue. De alguna manera, creemos que cuando se borre por completo la desilusión, el dolor o el fracaso, lograremos fingir que la causa de esas emociones ni siquiera ocurrió.

De cierta manera, creemos que borrar lo que sentimos nos llevará a la paz.

Muy a menudo, nuestro contexto de fe reafirma este impulso. Por lo general, los sistemas occidentales y cristianos enfatizan y fomentan (¿y, tal vez, exigen?) que superemos rápido el dolor. No tenemos alta tolerancia ni valoramos la tristeza, el dolor de la pérdida o la angustia de la lamentación. De alguna manera, hemos internalizado la creencia de que, si no podemos sonreír u orar para salir de los momentos difíciles, algo malo debe estar ocurriendo en nosotros, en nuestra teología o en nuestra fe.

A pesar de que usamos los lamentos de David en los Salmos

como ejemplo de dar lugar a la sinceridad cruda con Dios, solemos apurarnos por enfatizar que se recuperó pronto de su dolor. Pasamos directamente a cualquier parte donde el salmista escriba: «Lo seguiré alabando». No queremos permanecer en el dolor. Preferiríamos creer que nunca tocaremos fondo, que nunca tendremos remordimientos, que nunca le haremos daño a otra persona ni nos harán daño de ninguna manera que nos lastime gravemente.

Ignoramos así la realidad de la devastación en detrimento de la salud de nuestra alma. Vivimos en un mundo donde los bebés mueren, las guerras desplazan a cientos de miles de personas, las enfermedades carcomen sin piedad los pulmones y la médula ósea de nuestros amigos y compañeros de trabajo. Cuando metafóricamente eliminamos nuestros árboles quemados, arrancamos todo del suelo de nuestra alma. La ilusión de paz apenas dura hasta que llega la siguiente tormenta y empieza a erosionar lo que queda. Pronto (meses o, incluso, años más tarde), el dolor regresa a toda velocidad... solo que, tal vez, de otra forma. Muchas de nuestras adicciones y malas decisiones provienen de no querer sentir dolor. En lugar de permitirnos sentir la pesadumbre, comemos, compramos cosas, miramos la tele o seguimos trabajando hasta altas horas de la noche. Ahora bien, si nunca nos tomamos el tiempo de enfrentar el dolor, nuestra vida futura pagará el precio.

El dolor que ignoramos es peligroso.

A veces, la vida es triste, decepcionante, incluso abrumadora. Si no enfrentamos nuestro dolor durante el tiempo suficiente, si lo único que hacemos es sepultarlo o tratar de eliminarlo, habrá ramificaciones a largo plazo para nuestra alma. Cuando evitamos al dolor, le negamos a nuestra alma el espacio necesario para procesar o metabolizar lo que estamos sintiendo. Las heridas que cargamos se pudren bajo la superficie y salen a hurtadillas como temores irracionales, comportamientos evasivos y una incapacidad de brindar un espacio de amor y cuidado para nuestros hijos u otras personas que amamos cuando, invariablemente, se encuentran con el dolor y la pérdida.

Si encubrimos las realidades verdaderamente horribles, de manera sutil reafirmamos la idea de que la presencia de Dios solo está disponible para nosotros cuando todo anda bien. Qué engaño colosal. ¡El consuelo de Dios está más cerca que el aire que respiramos! Cuando nos rehusamos a darle lugar a nuestro dolor, podemos incluso volvernos incapaces o reacios a enfrentar las verdades difíciles, lo cual es extremadamente peligroso para nuestra capacidad de tomar decisiones.

Negarnos a entrar en el dolor garantiza que nos esperan más dolor y pérdida.

Un día, mientras caminaba cerca del cobertizo nuevo de Jeff en nuestra propiedad, me sorprendí en medio de un bosquecito de esos árboles muertos, una zona despejada donde, entre los árboles carbonizados, había un claro que no tenía más que arena lisa rodeada por algunas piedras. No sabía si alguna vez la hierba había crecido allí. Antes del incendio, aquel sector había estado cubierto por una densa arboleda de pinos ponderosa, demasiado espesa para atravesarla. Cada árbol de esa parte tenía la marca del aerosol amarillo que Trevor había pintado en él. Mientras estaba parada allí, sin embargo, un pensamiento pasó por mi mente:

*Esto parece un lugar sagrado.*

¿Cómo podía ser? ¿Cómo era posible que permaneciera algo sagrado entre tantas cosas feas, entre tantas pérdidas? Mis ojos se llenaron de lágrimas porque, en medio de la tristeza y la desesperanza de esa completa devastación, tuve una sensación de santidad abrumadora. Revisé la corteza ennegrecida, levanté la vista hacia las ramitas quemadas contra el cielo azul intenso y sentí a Dios allí, en ese bosquecito diminuto, acompañándome en medio de todas esas cosas tan difíciles.

Con el tiempo, a medida que algo me atraía una y otra vez a estar entre los árboles calcinados, le puse un nombre al lugar: Jardín de la desolación.

De algún modo, este lugar tranquilizaba mi alma. Era un sitio en el que las virtudes naturales me llamaban a la calma, a la reflexión, aun a la aceptación. Donde los sentimientos de tristeza y aflicción (incluso de desesperanza) eran bienvenidos, tenían lugar y eran sostenidos por la abrumadora belleza de los árboles calcinados.

Poco después tuvimos unos huéspedes que nunca habían estado en la propiedad: dos ejecutivos que estaban interesados en usar el terreno para crear momentos espiritualmente significativos para sus equipos. Incluso en la etapa posterior al incendio, la belleza agreste del lugar era indiscutible. Mi esperanza empezaba a regresar, la esperanza de que este todavía pudiera ser un lugar donde las almas fueran revitalizadas.

Finalmente, volvimos al lugar donde el viejo cobertizo se había quemado, y los guie hacia el bosquecito carbonizado. Percibí un cambio en mí misma. Durante todo el recorrido, mi voz había sido clara y entusiasta. Me emocionaba mucho el potencial que tenía esta tierra para ayudar a las personas a encontrar la sanidad de su alma y deseaba que estos dos líderes también lo vieran. Mientras caminábamos por aquel apartado bosque de árboles con el suelo arenoso, sin embargo, mi voz se apagó.

Empecé a improvisar en voz baja sobre la desolación que sentía en este lugar y sobre cuán necesarios son esos espacios de desolación para la sanidad de nuestra alma.

—Yo lo llamo Jardín de la desolación —expliqué—. A veces, hay partes de nuestra vida que necesitan tener su duelo, pero no tardamos nada en hacer un plan o seguir adelante hacia la próxima etapa feliz. Creo que necesitamos un lugar como este, que nos invite al lamento y al dolor para que no sepultemos nuestros sentimientos, sino que en realidad los sintamos y los vivamos. Todos hemos tenido situaciones parecidas a los incendios que destruyeron todo en nuestra vida, pero muchas veces nos apresuramos a derribar los árboles y sacarlos a rastras, en lugar de sentarnos en medio del dolor y llorar lo que hemos perdido.

Nos quedamos parados allí, en silencio, mientras el frío viento de febrero agitaba las ramas. Unas nubes blancas y esponjosas corrían por el cielo sobre nosotros. Eché un vistazo y me sorprendí al darme cuenta de que uno de los hombres, el mayor, tenía lágrimas en los ojos.

—¿Está usted bien? —le pregunté.

Asintió, titubeó y dijo:

—No iba a mencionar nada al respecto, pero nuestra hija perdió su embarazo de mellizos la semana pasada. Hubieran sido nuestros primeros nietos. Sucedió mientras yo estaba fuera del país. Estoy muy triste por ella y por todos nosotros. Odio verla sufrir tanto.

Ahora sollozaba abiertamente. Nos quedamos parados en silencio, acompañándolo en su dolor. Mientras sentía su tristeza, noté que sucedían dos cosas: los dos restantes pensábamos en el dolor de nuestra propia vida, pero también estábamos dándole, con nuestra presencia, espacio y tiempo para que se expresara sobre su pena.

Una vez que pudo hablar, dijo:

—En verdad, no he pensado en ello; simplemente, lo reprimía

cada vez que salía a la superficie. Pero en realidad ha sido muy duro. Muy triste. Y usted tiene razón: seguí adelante y me mantuve ocupado para no tener que pensar en el tema ni enfrentarlo.

A medida que llevé a más personas al Jardín de la desolación, vi que algo sucedía una y otra vez. Aunque estuviéramos haciendo un recorrido rápido, les daba la oportunidad de hacer una pausa y pensar en las cosas pesadas que estaban cargando. Cosas que habían sido destruidas por completo, cosas que no tenían ninguna esperanza de volver. Algunas personas necesitaban apenas un momento en silencio; para otros, la pausa se volvía transformadora, un punto en el tiempo que podían recordar y decir: *Sí, fue en ese momento cuando finalmente enfrenté la tristeza y la pérdida, y recuperé algo en mi alma.*

Esto es lo que sé:

Todo el mundo carga algo.

Yo cargo algo.

Tú cargas algo.

Todos cargan algo.

## ENFRENTAR EL DOLOR

El dolor que ignoramos es peligroso. Por otro lado, algo poderoso, incluso transformador, puede suceder cuando reconocemos nuestro dolor. Hasta podríamos experimentar una sanidad que no hubiéramos imaginado en los momentos que estábamos sufriendo la pérdida.

Hay algo sagrado en el hecho de entrar en nuestros jardines de desolación. La devastación exterior se convierte en un espejo para el alma, el cual nos invita a reconocer el dolor que hemos tratado de sepultar, ignorar o superar demasiado pronto. Enfrentar ese dolor con sinceridad es una parte importante de nuestro recorrido hacia la sanidad del alma.

Con el tiempo, Trevor volvió a caminar por la propiedad para raspar la mayor parte de las marcas de pintura amarilla que había en los árboles. Decidimos que los estragos que había dejado el fuego serían un recordatorio importante para nosotros, aun mientras la tierra se renovaba a sí misma y brotaba una vez más.

No queríamos eliminar lo difícil.

El camino para llegar al otro lado del dolor serpentea a través de él.

Con el tiempo, algunos principios de sabiduría me han invitado a encontrarme con mi propio sufrimiento, impotencia y dolor, y me han alejado de mis tendencias a la positividad tóxica, llevándome a un lugar con más fundamento para mi alma. Una influencia particularmente importante fue a través de amigos que han logrado cumplir los programas de desintoxicación.

Su valentía y su autenticidad me han mostrado otra forma de vivir cuando todo se ha desmoronado: qué significa reconocer que hemos tocado fondo, que nos hemos vuelto incapaces; qué significa hacer un inventario valiente y minucioso antes de contarnos a nosotros mismos, a Dios y a otra persona la naturaleza exacta de nuestros errores.

Está ahí mismo, en los pasos uno, cuatro y cinco:

1. «Admitimos que éramos impotentes ante el alcohol, que nuestras vidas se habían vuelto ingobernables».
4. «Sin temor hicimos un minucioso inventario moral de nosotros mismos».
5. «Admitimos ante Dios, ante nosotros mismos y ante otro ser humano la naturaleza exacta de nuestros defectos»[1].

No puedes hacer esto en treinta segundos y seguir adelante. No puedes completar estos pasos sin experimentar de verdad el dolor que te condujo a este lugar.

La alternativa a entrar en tu jardín de la desolación es la negación, otro concepto clave en la recuperación de los Doce pasos. Negar nuestro dolor y nuestra aflicción, negar que alguien alguna vez pudo habernos lastimado o que hemos hecho algo para herir seriamente a otros. Lo que hay debajo de la negación es el miedo profundo a que, si me entrego por completo a la tristeza que tengo por determinadas partes de mi vida, no sobreviviré, no me recuperaré. El dolor me tragará.

Pero la verdad es que es solo cuando somos sinceros sobre nuestra tristeza y nuestro dolor que podemos encontrar la esperanza y la paz verdaderas. Nuestro jardín de la desolación nos ayuda a superar una vida de negación y pasar a una vida de aceptación, renuncia y paz.

Lewis Smedes, el autor de *Perdonar y olvidar* y de *The Art of Forgiving* (El arte de perdonar), es uno de los maestros y escritores que contribuyeron a transformar mi pensamiento en esta área. Me ha enseñado que podemos ser sinceros en cuanto a nuestra tristeza y nuestro dolor, ser transparentes sobre cómo hemos lastimado a los demás y sobre cómo nos hemos lastimado a nosotros, y aun así vivir con esperanza y gratitud. Él escribe:

> El perdón no borra el pasado amargo. Un recuerdo sanado no es un recuerdo borrado. En cambio, perdonar lo que no podemos olvidar genera una nueva forma de recordar. Cambiamos el recuerdo de nuestro pasado por una esperanza para nuestro futuro[2].

Para entrar en nuestro futuro, primero debemos perdonar. Para ser capaces de perdonar, debemos reconocer que algo pasó, algo doloroso.

Esto es lo que me ha enseñado el Jardín de la desolación: estar dispuesta a pensar no solo en los aspectos positivos, sino también en los aspectos negativos de mi vida es un indicador directo de la sanidad del alma. Cuanto mayor es mi capacidad de involucrarme con mi dolor y mi tristeza, más sana está mi alma. Si no soy capaz de pensar en la desolación que hay en mi vida cuando ocurre y en los días, las semanas y los meses posteriores, la sanidad de mi alma se resentirá.

Para enfrentar nuestro dolor, no necesitamos tener un jardín de la desolación literal. Noto que mi alma vuelve a transportarse a Lamentaciones 3:19-24 (MSG) cuando necesito considerar sinceramente mi dolor:

Nunca olvidaré la pena, la desorientación total,
    el gusto a cenizas, el veneno que he tragado.
Lo recuerdo todo (oh, cuán bien lo recuerdo),
    la sensación de tocar fondo.
Pero hay algo más que también recuerdo,
    y, al recordarlo, me aferro a la esperanza:

El fiel amor de Dios no podría terminarse,
    su amor misericordioso no podría consumirse.
Son nuevos cada mañana.
    ¡Cuán grande es tu fidelidad!
No me despegaré de Dios (Lo digo una y otra vez).
    Él es todo lo que me queda.

Es una hermosa visión de lo que sucede cuando recordamos «la pena, la desorientación total, el gusto a cenizas». Sí, cuesta profundizar en estas cosas, pero en los momentos posteriores, se nos recuerda el amor leal de Dios, sus misericordias y su fidelidad... no necesariamente para eliminar la dificultad o rescatarnos de ella de inmediato, sino para estar con nosotros cuando pasemos por ella.

Pasar por nuestro jardín de la desolación es un proceso lento y es algo para lo que tenemos que tomarnos nuestro tiempo. El duelo no se puede acelerar.

Tenemos que darnos el permiso para experimentar los sentimientos negativos. Tenemos que dejar entrar a todas las emociones difíciles, rodearlas de nuestras palabras, nombrarlas.

Tu jardín de la desolación puede ser un lugar de dolorosa belleza, de rememoración, incluso de sanidad. Ármate de valor para entrar allí.

## ALGO NUEVO

El mes de marzo llegó a la propiedad y, luego, abril. La nieve sobre las montañas lejanas comenzó a desaparecer a medida que las temperaturas subían. La primavera se sentía en el aire. Diminutos brotes de hierba empezaron a asomar a través del polvo del desierto, los cactus más pequeños comenzaron a volver, y aparecieron poco a poco las flores silvestres, tan frágiles y tiernas en un entorno tan hostil.

Yo seguía observando los árboles. ¿Sucedería algo en la primavera? ¿Acaso estos árboles que se veían completamente muertos mostrarían algún signo de vida? Era difícil imaginar que sobrevivirían cuando dos tercios de cada árbol estaba quemado o toda una arboleda había quedado completamente calcinada.

Entonces, algo extraño comenzó a pasar. Noté que algo sedoso y delicado se formaba en el tronco de los árboles.

La savia fluía. Esta resina pegajosa comenzó a filtrarse incluso a través de la corteza del tronco de los árboles más carbonizados, formando chorritos que parecían lágrimas.

*¿Cómo puede ser?* —me pregunté—. *¿Cómo es posible que a un árbol destruido por el fuego le brote savia en la primavera?* En cierto modo, la tierra se sentía más pesada, más adolorida y franca; la savia brotaba de árboles sin agujas, quemados por vientos ardientes.

No mucho tiempo después, en algunos de los árboles más dañados, unas diminutas agujas brillantes empezaron a crecer en las puntas de las ramas peladas y ennegrecidas. El contraste de los colores era casi espeluznante: en verde claro, los nuevos signos de vida de alguna manera surgían de la muerte quebradiza.

Increíble. Hasta algunos de los árboles que con prisa habían sido «marcados para morir» por la aterradora pintura amarilla en aerosol estaban creciendo de nuevo. Lejos de haberse terminado, esta historia apenas estaba comenzando.

No sabíamos cuántos de los árboles iban a sobrevivir. Incluso algunos años después, no estamos seguros. Pero estas pequeñas señales de vida se extendieron por la propiedad en aquellos primeros meses después del incendio declarando que, aun después de la devastación, algo nuevo puede empezar a crecer.

Me hizo recordar mi vida durante los meses y los años posteriores a que mi cuerpo y mi mente se desarreglaron en 1995, después de todas las hospitalizaciones, después de que nació nuestro segundo hijo.

Aun después de una experiencia que se parece a la muerte, la vida comienza a aparecer de nuevo.

## REFLEXIONES PARA CUIDAR EL ALMA

1. ¿Eres alguien que trata de evitar el dolor y la tristeza o te metes en ellos por completo? ¿Por qué crees que reaccionas de esa manera?
2. ¿Puedes identificar algún acontecimiento desolador en tu vida por el que nunca lloraste del todo? Escribe sobre él.
3. Lee varias veces Lamentaciones 3:19-24. ¿Qué palabras sobresalen para ti? Escribe por qué son importantes y qué tienen que decirte esas palabras sobre el dolor.
4. Habla con alguien sobre el momento de desolación por el que nunca te lamentaste apropiadamente. Date permiso para sentir la tristeza de esa vivencia frente a un amigo de tu confianza o algún terapeuta.
5. ¿Cómo podrías generar un espacio para el jardín de la desolación en tu propia vida? ¿Cómo sería ese espacio?

# 4

# UNA PÁGINA, UNA PERSONA Y UN PLAN

## Practica la atención

El hombre no puede ser feliz por mucho tiempo, a menos que esté en contacto con las fuentes de vida espiritual que están escondidas en las profundidades de su propia alma.

**THOMAS MERTON**

Durante el año y medio posterior al colapso inicial causado por el vértigo benigno, y a medida que comenzaba a involucrarme en la terapia, me di cuenta de que tenía que reeducar a mi cerebro para que dejara de reaccionar a una fuerza arraigada en lo profundo de mí que era una compulsión obsesiva. No sé de qué otra forma explicarlo. Mi cerebro estaba programado para lograr resultados, esforzarse, buscar una meta, encontrar soluciones. Una vez que tenía una meta, me concentraba en ella y me dedicaba con todo mi ser a alcanzarla.

Con esto no quiero decirte que ser una persona orientada a los objetivos sea algo feo, terrible ni malo. ¡Puede ser una cualidad maravillosa y generar mucho bien en el mundo! Pero yo había llegado a un punto en el que avanzaba hacia mi meta sin importarme el daño colateral. Sacrificaba mucho para lograr las cosas que realizaba.

Cuando la compulsión obsesiva es tu principal manera de estar en el mundo, siempre hay daños colaterales. La familia y el cuerpo descuidados y maltratados empiezan a fracturarse. Nuestras relaciones se marchitan. Nuestras organizaciones, tarde o temprano, tambalean. El alma sufre.

Esta forma de existir había creado una fisura en los cimientos de mi vida y, finalmente, me mandó directo al hospital. Todos esos años de esfuerzos habían sido como haber estado doblando una rama verde cada vez un poco más, hasta que un día se rompió. No había quedado completamente quebrada, pero estaba muy deteriorada. No podía sobrevivir más de esa manera. Tampoco quería hacerlo. La fascinación de la compulsión obsesiva había sido expuesta como el oro de los tontos que es.

Durante los meses posteriores a mi primera internación hospitalaria, todavía seguía fuera de foco (literalmente). Debieron ingresarme varias veces más por la deshidratación que me causaban las intensas náuseas. El neurólogo nos advirtió a mi esposo y a mí que tendríamos que prepararnos para lo peor. Me recuperara o no, el bebé nacería pronto. Tendríamos que empezar a hacer los preparativos presuponiendo que, tal vez, yo no podría hacer siquiera lo mínimo para cuidar a un recién nacido.

Jonathan Robert Caliguire nació el 25 de mayo; fue uno de los momentos más memorables e importantes de mi vida. Durante el embarazo, hubo ocasiones en las que me pregunté si alguno de los dos sobreviviría, pero desde el instante que lo tuve en mis brazos, supe que al menos él estaría bien.

Como las agujas verdes que aparecen después de un incendio forestal, el nacimiento de Jonathan fue una de las señales tempranas de vida. Poco a poco, la vida estaba volviendo. Pero yo ya no era la misma. No tenía idea de qué me depararía el futuro, pero si en verdad iba a recuperar mi vida, oraba que el haber sufrido esta experiencia fuera importante de alguna manera. Si recuperaba la vista, el equilibrio y la atención, en lo profundo de mi alma sabía que nunca volvería a la anterior versión borrosa, desequilibrada y frenética de mi vida.

Después de que nació Jonathan, el vértigo siguió yendo y viniendo; yo estaba débil por los meses que había pasado en cama. Con el tiempo, luego de tres o cuatro meses, finalmente pude manejar y salir de casa para ir al supermercado. Ese período inicial fue muy lento, con el foco puesto en sanarme, y estuvo lleno de gratitud por el nuevo camino de vida que se abría delante de mí. Me sorprendí haciendo un inventario de quién era yo y qué me había estado impulsando tanto durante todos estos años. ¿Cómo fue que terminé tocando fondo? ¿Qué hizo que mi vida quedara tan condicionada para que un incendio llegara y destruyera todo? ¿Estos episodios serían inevitables por el resto de mi vida como consecuencia de algún estado psicológico que estaba fuera de mi control, o podría descubrir una manera diferente de vivir?

## EL CAMINO A LA ATENCIÓN

Está muy bien que hayas decidido que no quieres seguir viviendo de determinada manera. Pero cambiar nuestra manera de ser, cambiar nuestra forma de interactuar con el mundo y con aquellos que nos rodean, no es fácil. Cualquier tipo de cambio significativo que deseemos hacer requiere que prestemos atención, tanto a lo que causó la devastación como a la voz interior del Espíritu Santo que nos guía a las costumbres y a las maneras de ser que nos abrirán al cambio. Yo necesité valorar mi vida lo suficiente para empezar a prestar atención de verdad a lo que estaba pasando en y alrededor de mí. Todo esto fue parte de aprender lo importante que era mi alma en medio de todas las otras prioridades que tenía en la vida, las cuales también eran importantes.

Cuando llegó el otoño y empezamos a acercarnos a la Navidad, me di cuenta de lo primero que necesitaba hacer: cuidar mi cuerpo. Es muy fácil caer en el abandono físico cuando estamos obsesionados por lo que se debe hacer. No nos disponemos a ser físicamente poco saludables, a dejar que se nos atrofien los músculos, a suspender la relación equilibrada con la comida. Pero es fácil que todas estas cosas pasen. Cuando estamos abrumados, no nos hacemos tiempo para las cosas que nuestro cuerpo necesita.

Mientras me recuperaba, como muchas de mis anteriores responsabilidades con nuestro ministerio habían quedado en manos de otros, me embarqué en la primera aventura para cuidar mi alma, la cual resultó ser muy física: aunque no teníamos dinero (después de todo, éramos sembradores de iglesias), me asocié a un club deportivo local.

Todavía recuerdo la primera vez que entré al gimnasio, débil e indecisa. Lo único que podía hacer era caminar sobre la cinta de correr y, a veces, hasta eso me parecía demasiado. Las piernas me temblaban y me aferraba a los soportes laterales de la máquina. Alrededor de mí, seres humanos vestidos de *lycra*, la viva imagen de salud y de fuerza, brincaban de una estación a otra. Oía sonidos metálicos de objetos rechinando y golpeando contra el suelo a mi alrededor cuando personas increíblemente fuertes terminaban las repeticiones con pesas que yo no podría siquiera haber levantado del piso.

Ahora bien, por primera vez en mi vida, no me importó mi debilidad. No me sentí acomplejada por lo que podía hacer en comparación con lo que podían hacer los demás. Más bien, estaba abrumada de gratitud al poder caminar, enormemente agradecida simplemente porque *podía*.

Sentía que me habían quitado demasiadas cosas durante ese año: mi fuerza, mi capacidad de cuidar a mi familia, mi capacidad de cuidar nuestro hogar, mis puestos de responsabilidad (y control) dentro de nuestra iglesia joven. Caminar me permitía por fin hacer algo por el simple placer de hacerlo. Había luchado con muchas cuestiones relacionadas con mi cuerpo desde que era adolescente, pero esta vez era diferente. Hacía ejercicio solo porque podía y porque me hacía sentir bien. No para bajar de peso. No para ser mejor ni para rendir más en un deporte. No para encajar en un ideal.

Caminaba simplemente por caminar, y lo hacía por mí misma. Había una inmensa libertad en hacerlo. No estaba cuidando a otra persona. No era más productiva o eficiente. Caminaba porque lo deseaba y lo disfrutaba. Porque podía de nuevo.

Es casi milagroso lo que puede causarle a nuestro cuerpo el simple hecho de moverse. ¿Sabías que caminar puede calmar el deseo por comer cosas dulces, reducir el riesgo de desarrollar cáncer de pulmón, aliviar los dolores articulares y estimular el sistema inmunológico?[1]. A veces, entraba al gimnasio sintiéndome mal, desanimada o agobiada por las circunstancias de la vida. Después de caminar yo cuarenta y cinco minutos, sin embargo, el mundo no me parecía un lugar tan desolador. Y también ganaba confianza porque podía sentir que estaba fortaleciéndome.

Una vida más simple se convirtió en la nueva normalidad. Durante mi enfermedad, involuntariamente debí dejar todo lo que *tenía* que hacer. Una vez que empecé a recuperarme, me mantuve en un lugar muy pequeño. Básicamente, cuidarme a mí misma y a nuestra familia, nada más. Todavía asistía a uno de los grupos pequeños de la iglesia, pero ya no lo dirigía. Otra persona se hizo cargo de la contabilidad del ministerio y de la comunicación en la iglesia. Poco a poco, estaba sincronizándome con un ritmo completamente nuevo.

Encontrarme con el terapeuta me había puesto en el camino correcto. Caminar era solo otra parte del proceso. El incendio me había destrozado. Yo ahora estaba deambulando, buscando señales de vida y marcando las cosas que debían ser eliminadas.

## OCUPARSE DEL ALMA

Muchos de nosotros, en nuestra propia reconstrucción después de vivir una época difícil, nos ocupamos de la debilidad de nuestra alma y nuestro cuerpo... pero, luego, dejamos de hacerlo. Es fácil dejar de dedicarnos a la sanidad del alma cuando sentimos que las mayores alteraciones y los puntos débiles han sido resueltos. Yo casi lo hice.

Pero un domingo tranquilo, varios meses después de esas primeras señales de sanidad, me puso cara a cara con el alcance del problema de mi alma.

Nuestro hijo menor, Jonathan, tenía ya unos nueve meses de edad. Tanto él como su hermano tenían fiebre, así que yo me había quedado en casa y no había ido a la iglesia. Los líderes habían programado una reunión después del servicio para tomar decisiones, proponer objetivos y crear algunas estructuras para el liderazgo. Era sin duda una reunión en la que me hubiera gustado estar, porque sabía que toda decisión estratégica tendría un impacto directo sobre nuestra familia. Ya estaba lo suficientemente sana como para atender esta clase de cosas sin sentirme tan agotada. Pero los niños estaban enfermos, así que me quedé en casa con ellos.

Era cerca de media mañana de aquel domingo, y el sol brillaba a través de las ventanas. Abrigué a los niños con mantas, y nos sentamos juntos en el sofá con un libro del Dr. Seuss que les había leído infinidad de veces, tantas que podía leerlo sin pensar en realidad en dónde estaba o en qué estaba haciendo.

Los niños estaban acurrucados contra mi cuerpo, en un tipo de estado soñoliento y febril, escuchando las ondulaciones de mi voz a lo largo del patrón rítmico ingenioso. Estaban felices de estar conmigo, de pasar tiempo los tres juntos. Era una de esas mañanas maravillosas y remolonas. O, al menos, debería haberlo sido. Pero había un problema: mi cabeza no estaba para nada en la habitación.

Estaba preocupada por Jeff y me preguntaba cómo estaría yendo la reunión en la iglesia. ¿Qué decisiones se estarían tomando? ¿Cuáles serían las consecuencias para nuestra familia? *Si salgo ahora, ¿llegaré a estar en el final de la reunión? ¿Quién podría cuidar a los niños?*

Mi boca podía estar leyendo las palabras del libro o, por lo menos, recitándolas, pero mi mente estaba en un lugar a cincuenta kilómetros de distancia, preocupándome, haciéndome preguntas y especulando sobre qué sucedía allí.

Entonces, como por obra de una gracia especial, me di cuenta de lo que estaba haciendo. Tenía un momento significativo con mis hijos, pero no lo estaba viviendo; estaba en otra parte. Mi cuerpo estaba presente pero mi corazón y mi alma no. En esencia, aun después de recuperarme del revés del vértigo, seguía viviendo una vida fracturada, incapaz de estar simplemente aquí y ahora.

Una pregunta apareció de golpe en mi mente.

*Mindy, ¿cuán enfermos tienen que estar tus hijos para que en realidad estés presente para ellos, de manera que logren tener toda tu atención?* Y continuó: *¿No puedes leerles un libro y disfrutar de su presencia?*

No estoy segura de que fuera el Espíritu de Dios el que me habló, como tampoco estoy segura de que no lo fuera. El tono era fuerte, incluso un poco severo; me presionaba hacia la convicción. En ese momento, tuve que enfrentar la verdad: los problemas que me habían causado el vértigo eran importantes, eran internos y no habían desaparecido. En mi vida seguía habiendo una especie de vacío, un espacio hueco generado a partir de mi enfermedad. Si no tenía cuidado, el trabajo excesivo, el esfuerzo y el ajetreo volverían pronto a llenar ese espacio una vez más.

Al principio, cuando el vértigo me dejó pasmada, fue fácil echarles la culpa a la iglesia y a todas las presiones. Pero me di cuenta allí, leyendo al Dr. Seuss en el sofá que, aunque aquellas presiones eran muy reales, esto (mi incapacidad de dejar de pensar en el trabajo) era un autoatentado. Mientras transitaba el camino de recuperación física, emocional y, en definitiva, espiritual, llegué a darme cuenta de que tenía un problema de límites. Era codependiente. Y no tenía una visión precisa de cuáles eran las prioridades... ¡ni siquiera cuando estaban acurrucadas junto a mí!

Esas tres cosas (reconocer que mi cerebro tenía que ser reprogramado, caminar con frecuencia solo porque podía y percatarme de que no estaba viviendo en el presente) me ayudaron a darme cuenta de cuán enferma estaba por dentro. Cuanto más pensaba y leía sobre el asunto, más empezaba a entender algo nuevo.

Mi alma no estaba bien.

Durante aquellos primeros días que siguieron a mi recuperación, llegué a creer que, de todas las cosas de las cuales yo era responsable, la primera y la principal en realidad era el bienestar de mi alma. Yo, como muchos que están en el liderazgo, inconscientemente pretendía dar, servir, contribuir y liderar con un alma profundamente enferma. Siempre y cuando creamos en las cosas correctas y trabajemos para lograr los objetivos correctos, ¿qué más importa, no? Comencé a cuestionar (en realidad, a rebelarme contra) esa perspectiva con tanta fuerza que una nueva determinación se formó dentro de mí: intentaría tener el alma tan sana como me fuera posible, aunque no supiera cómo hacerlo, y me limitaría a confiar en los resultados que esto trajera a mi vida. Dejaría de *impulsarme* hacia los logros y el rendimiento. Empezaría a cuidar mi alma, y que fuera lo que Dios quisiera.

Nadie que se enfrente a la necesidad de desarrollar una nueva manera de vivir puede restarle importancia a esta decisión; de lo contrario, pronto pasará a otro conjunto de cosas que hacer, y seguirá sin entender la idea.

*La idea de ocuparte de tu alma, de encontrar la salida al aislamiento y al agotamiento, es desarrollar una vida profundamente atenta y abierta a la realidad de Dios en nosotros y a nuestro alrededor, en cada momento.*

En mi caso, sin duda fue un camino sinuoso. Pero, mirando atrás, ahora entiendo que reprogramar mi cerebro, poner en movimiento mi cuerpo físico y estar presente (presente de verdad) en mi vida cotidiana me ayudó a alcanzar un nivel básico de salud del alma. Con el tiempo, depuré las muchas formas de cuidar mi alma en tres elementos esenciales. Estos sentarían las bases de mi formación espiritual para los años venideros, y los considero fundamentales para que cualquier persona pueda recuperar la vida de su alma.

Para desarrollar una vida de atención y capacidad de reacción a Dios, necesitarás una página, una persona y un plan.

*Una página*

La «página» representa la invitación a la reflexión: por lo general, las tentadoras páginas en blanco de un diario. Llevar un diario personal te ayudará a prestar especial atención a tu recorrido. Desacelerará tu mente a la velocidad de tu escritura a mano, lo cual te dará el espacio para hacerte a ti mismo y a Dios las preguntas más profundas.

Pero, siendo sinceros, ¿quién tiene tiempo para escribir diarios?

Con el debido respeto por las preadolescentes y sus diarios íntimos sobre enamoramientos, los diarios personales ofrecen mucha más profundidad y posibilidades de las que solemos imaginar. Algunos de los más diligentes escritores de diarios han sido exploradores: Marco Polo, Lewis y Clark, la tripulación del *Belgica* cuando navegó hacia las lejanías del Atlántico más que ningún otro barco antes que ellos[2]. Los científicos llevan diarios de sus experimentos y hallazgos para registrar lo que han descubierto sobre la marcha. El *New England Journal of Medicine* y otras revistas publican investigaciones importantes. Conservamos diarios de embarazos, álbumes de recortes, álbumes de fotos (incluso los álbumes de fotos de nuestros teléfonos) como maneras de conmemorar los momentos clave en nuestra vida.

Pero ¿qué tiene que ver todo este recordatorio, este registro de un diario, con el desarrollo espiritual progresivo?

Como exploradores, estamos entrando en un territorio desconocido: el futuro. Y porque nuestra vida sí importa, porque nuestras observaciones y descubrimientos son valiosos, sería sabio registrar nuestras experiencias, ideas y oraciones.

Escribir nos ayuda a analizar el curso de nuestra vida: el pasado, el presente y el futuro. Como los exploradores y los científicos, nos involucramos en el proceso de anotar observaciones, reflexionar sobre los nuevos conocimientos y considerar los próximos pasos mientras enfrentamos nuestro propio territorio desconocido del futuro.

Dedicar tiempo a escribir reflexivamente en un diario también puede ayudarnos a comprender la verdad de nuestra propia historia de una manera que no podemos mientras estamos viviéndola. Allison Fallon, en su libro *The Power of Writing It Down: A Simple Habit to Unlock Your Brain and Reimagine Your Life* (El poder de escribirlo: Un hábito simple para desbloquear tu cerebro y reimaginar tu vida), enuncia: «Escribir nos ayuda a apartarnos de nuestras historias y a verlas de una manera diferente. Nos ayuda a recuperar nuestras historias para nosotros mismos otra vez»[3].

Es interesante lo que señala un artículo en la página de internet de Kaiser Permanente:

> La investigación publicada por el *Journal of Experimental Psychology* muestra de qué modo escribir tus pensamientos puede disminuir los pensamientos invasivos sobre los sucesos negativos y mejorar la memoria funcional. Aun el simple acto de escribir algo le permite a tu cerebro saber que quieres recordarlo. Es por este motivo que tomar apuntes es una práctica tan eficaz cuando estás aprendiendo algo nuevo[4].

No imagino cómo sería mi vida si no tuviera este desahogo. No sé cómo hace la gente para seguir adelante si no se toma el tiempo para escribir sobre su vida, sus heridas, sus victorias y su dolor. Es tan importante que digamos (o escribamos): «Esto es difícil. No sé dónde ir. Tengo miedo. Esto me supera. Siento que mi vida se está derrumbando. No veo ninguna salida». Y también: «Estoy tan agradecido. Es una bendición enorme. Esto renueva mi esperanza. Tengo una energía nueva».

Un diario puede ser el espacio donde, como el salmista, expresemos tanto la gratitud como la desolación. Cuando nos toca afrontar la aflicción, escribir un diario nos da un desahogo para hacer frente al dolor que hay en nuestra vida y nos ayuda a no vivir negándolo. Si no expresamos nuestras preocupaciones, podemos empezar a creer las mentiras de que seguiremos atrapados en estos lugares de desolación, estos hábitos, estas adicciones, por el resto de nuestra vida. Reflexionar en lo hermoso y lo bueno nos recuerda que las bendiciones y la adversidad suelen coexistir y que es importante prestarles atención a ambas.

Mis primeros intentos por escribir un diario comenzaron en forma de oraciones. Simplemente escribía cualquier cosa que deseara decirle a Dios: muchos pedidos, muchas intercesiones por los demás, mucha gratitud, mucha búsqueda. ¡Casi cualquier clase de reflexión u observación puede ser valiosa! Es prácticamente imposible fracasar cuando escribimos un diario.

Aun así, mirando atrás, he observado cuál puede ser el mayor error al hacerlo: no ser sinceros. ¡Y hay un montón de razones por las que podemos no ser sinceros en nuestra escritura personal! ¿Qué pasaría si alguien encuentra el diario y lo lee? ¿O qué sucedería si escribo la verdad y me encuentro cara a cara con los pensamientos o los sentimientos que he estado tratando de ocultar, incluso de mí mismo?

Recuerdo claramente que comencé a escribir sobre algo que temía. Estaba dando un paso valiente y enfrentando algo sin rodeos al poner todo por escrito en mi diario. Llegué más o menos a la mitad de lo que pretendía escribir, me detuve y lo taché todo. En su lugar empecé a escribir versículos bíblicos como: «En esa clase de amor no hay temor, porque el amor perfecto expulsa todo temor» (1 Juan 4:18). Estaba tratando de negar el temor que sentía, de cubrirlo con versículos bíblicos como si fueran curitas.

Algunos psicólogos llaman a esto «evasión espiritual»:

> Uso de prácticas y creencias espirituales para evitar enfrentarnos con nuestros sentimientos dolorosos, heridas no resueltas y necesidades de desarrollo se le denomina «evasión espiritual». La evasión espiritual es mucho más común de lo que podemos pensar y, de hecho, está tan generalizada que pasa enormemente desapercibida, excepto en casos extremos en que resulta más evidente.
>
> Esto es debido, en parte, a nuestra tendencia a no tener mucha tolerancia —ya sea a nivel personal o colectivo— para enfrentarnos a nuestro dolor, adentrarnos en él y tratarlo; en lugar de ello, preferimos sin dudarlo «soluciones» que lo aplaquen, sin que nos importe el sufrimiento que tales «remedios» puedan catalizar[5].

Creo que a Dios le hubiera encantado responderme en mi temor y hablarme de amor en esa circunstancia; quizás abordar la situación misma con su consejo, su perspectiva o su consuelo. En lugar de eso, me convencí de no tener miedo, fingí que no lo sentía y humillé a la parte de mí que se sentía asustada. Pero no nos es tan fácil enterrar el miedo. Nuestros temores deben ser enfrentados si Dios va a ocuparse de ellos de manera significativa.

Escribir un diario requiere sinceridad con Dios y contigo mismo. Y la sinceridad requiere prestar atención. Con el tiempo, aprendí a incursionar en una introspección más sincera. En la actualidad, escribir en mi diario todavía es una práctica a la que regreso casi todos los días (pero sin ningún juicio sobre la frecuencia). Por lo general, cuando escribo, estoy sentada en mi sofá en casa o en la silla de mi habitación en un hotel o afuera del Dream Shed en Whisper Ranch para orar y escribir sobre lo que sucedió el día anterior, lo que me preocupa en cuanto al o a los días próximos, los pedidos que tengo y los problemas que llevo ante Dios. Por lo general, incluye varias tazas de café. La práctica me hace bajar a la tierra aun cuando lo que me rodea está cambiando, y en realidad me ayuda a prestarle atención a mi vida y a dónde Dios está obrando, tanto en mí como en lo que me rodea.

De vez en cuando, regreso a lo que escribí en el pasado. Me da curiosidad recordar algo con lo que soñaba o recordar un acontecimiento que sucedió o volver a visitar un momento en el que sentí la presencia de Dios de una manera poderosa. Escribir un diario me impide vivir una vida desencarnada en la que hago cosas por inercia, sin pensar en cómo mis actos y mis pensamientos, mis esperanzas y mis desánimos tienen un efecto sobre mi vida y la vida de quienes me rodean.

La escritora espiritual Janet Hagberg cree que la capacidad de un líder para influir se ve condicionada por su capacidad para la reflexión[6]. Si no desarrollamos nuestra capacidad de hacer una pausa, reflexionar y tener en cuenta el panorama completo de nuestras decisiones, de nuestro comportamiento y de nuestra vida, desaprovecharemos una dimensión clave de auténtica influencia. Nuestro liderazgo llegará a un punto en el que no pueda crecer más.

Una página es una invitación a la reflexión. En la costumbre de escribir con honestidad delante de Dios, nos sorprendemos a nosotros mismos en un lugar franco y sin prejuicios en el que puede ocurrir una verdadera sanidad.

### *Una persona*

Una de las mayores sorpresas que tuve en la recuperación de mi alma llegó en la categoría de «una persona». Esta clase de persona es un tercer espacio seguro (en general, alguien ajeno a nuestros ámbitos hogareños y laborales), alguien con quien podemos procesar los temas auténticos de la vida. Con esta persona formamos una relación intencional que nos ayuda a prestar atención y a ser sensibles a lo que Dios está haciendo en nuestra vida. Estas relaciones tienen el poder de abrirnos a los nuevos niveles de sanidad, crecimiento, transformación.

Esta clase de relaciones son una parte importante de cómo accedemos a una vida recuperada. Ya sean consejeros de confianza, guías espirituales, asesores o amigos, estas personas nos ayudan a observar qué está pasando en nuestra vida y a descubrir a Dios en medio de todo. Conocen lo bueno, lo malo y lo feo. Nos acompañan en el recorrido y, fundamentalmente, están a nuestro *favor*, a favor tanto de quienes somos ahora como de la persona que llegaremos a ser.

¿Tienes una persona así en tu vida? Si así es, ¡qué bendición! Conserva esa relación. Y si no, no pierdas las esperanzas. Durante muchos años, esto no hubiera sido para nada una prioridad para mí.

Durante nuestros primeros cinco o seis años de casados, Jeff y yo nos mudábamos a la otra punta del país cada mes de agosto. En aquella época, las personas muchas veces me decían: «¡Ay, deben ser muy difíciles para ti todas estas mudanzas! ¡Desarraigarte una y otra vez!». Recuerdo que yo pensaba: *¡No lo veo difícil para nada!* Luego de varios años y de varias mudanzas en este recorrido (y escuchando esta pregunta reiteradamente), empecé a preguntarme: *¿Hay algo que funciona mal en mí? ¿Quizás me es demasiado fácil hacer las maletas con Jeff* *y continuar?* Siempre la pasaba bien donde estábamos y hacía amistades, pero cuando llegaba la hora de irnos, la verdad es que sentía muy pocas pérdidas.

Poco antes de mudarnos a Boston, leí *When Your World Makes No Sense* (Cuando tu mundo no tiene sentido) por Henry Cloud. Él comparte lo que ha observado durante sus años de trabajo clínico sobre las cuatro principales áreas madurativas en las que tendemos a quedar estancados: vincularnos afectivamente, poner límites, dirimir lo bueno/lo malo y convertirnos en un adulto.

El tema de la vinculación me llamó bastante la atención. El autor del libro presenta un argumento sólido: si no puedes vincularte con personas que ves, ¿cómo podrás vincularte con un Dios al que no puedes ver? Cuando hice una evaluación sobre la lectura, recuerdo haber respondido con orgullo las preguntas sobre la vinculación con lo que sentía que era normal y correcto para mí: una cantidad increíble de autosuficiencia e independencia. Pero cuando sumé mis puntos, mis resultados sin duda quedaron en la sección «¿Acaso tienes pulso?».

Ese momento fue como recibir un baldazo de agua fría en la cara. En un día nublado, miré afuera por la ventana de mi oficina al estacionamiento de abajo y dejé que la realidad de verdad aterrizara en mi mente y en mi corazón: mi sentido de lo que era bueno y correcto estaba patas arriba.

Mi crecimiento espiritual tocaría el techo según mi capacidad para conectarme e, incluso, depender de otras personas. Sentí que era completamente posible que estuviera en mi techo.

Muchas de las personas con las que interactúo hoy también dirían eso. Aunque estemos rodeados de personas que nos aman y a las que les importamos de verdad, solemos vivir vidas muy aisladas y protegidas. La vulnerabilidad es un autoatentado.

Por eso, cuando llegamos a Boston como los nuevos fundadores de la iglesia, decidí que cambiaría este aislamiento social y me arriesgaría a formar relaciones más auténticas. Si las relaciones eran mucho más vitales de lo que les había dado crédito hasta entonces, yo quería avanzar en esa dirección.

Una mañana vi a una pareja joven entrar en una iglesia que estábamos visitando. Algo de la mujer me llamó la atención. *Parece muy divertida*, pensé. Se llamaba Lisa y, sin saberlo, se convirtió en la persona con la que aprendí a entablar una relación auténtica.

Gracias a Lisa, con el tiempo, aprendí cómo prestar atención a lo que objetivamente estaba sucediendo en mi mente, mi corazón, mi alma. Me ayudó a ver lo que yo no podía ver. Me ayudó a entender el recorrido desde el quebranto a la sanidad de una nueva manera. Fue la amiga que me llevó al hospital aquella primera vez, muchos años después.

¿Por qué ocuparnos de nuestras relaciones (encontrar una persona) es tan importante para la salud de nuestra alma?

En su libro *Cómo crecemos*, Henry Cloud y John Townsend argumentan que las relaciones son la base del crecimiento. Según ellos, las relaciones son el verdadero plan A de Dios para el crecimiento de las personas, no el plan alternativo o lo que podríamos llegar a considerar un plan B.

El crecimiento es relacional por naturaleza. No ocurre en un camino mecánicamente predeterminado. El Dr. Jim Wilder y Michel Hendricks escriben:

> Cuando no formamos una familia espiritual con apegos fuertes, nos distanciamos del fluir del poder transformador[7].

Los autores de *The Physical Nature of Christian Life: Neuroscience, Psychology, and the Church* (La naturaleza física de la vida cristiana: La Neurociencia, la Psicología y la iglesia) mencionan: «Nos formamos como personas maduras, virtuosas y sabias, no mediante un proceso místico incorpóreo, sino por la vida junto a un cuerpo de personas»[8].

Las personas nos ayudan a crecer, a sanar y a ser.

¿Me pregunto cuántos creemos esto?

En mi propio proceso para recuperar mi vida, el poder de las relaciones comunes y corrientes fue lo que más me sorprendió. Gran parte de mi propia sanidad sucedió por medio de interacciones en las relaciones comunes y cotidianas. Me daba cuenta de que estaba *convirtiéndome* en algo nuevo. Las amistades, que en el pasado había desestimado por no ser importantes, se volvieron fundamentales.

En mi libro *Spiritual Friendship* (Amistad espiritual) hablo sobre cuatro de las razones por las que una persona es tan indispensable. He aquí un resumen:

- *Reflejo.* No podemos vernos a nosotros mismos. Los amigos nos ayudan a ver lo que no podemos ver de nosotros, y sus comentarios pueden ayudarnos a convertirnos en quien queremos y necesitamos ser. Mientras aprendes más de ti mismo, quizás mediante una terapia, asesoría u orientación espiritual, tus amigos pueden ayudarte a procesar estas cosas.
- *Sinceramiento.* Aquí es donde nace la amistad profunda. Sucede al principio, cuando conversamos sobre quiénes somos, qué amamos y de dónde venimos. Luego, la amistad se profundiza cuando hablamos de nuestras familias de

origen y de nuestras experiencias en la infancia. Todo esto nos ayuda a avanzar al siguiente paso en la amistad: la confesión.

- *Áreas en las que luchamos.* La mayor forma de sinceramiento se encuentra en la confesión. Todos necesitamos que nos conozcan en nuestras áreas de mayor tentación, debilidad y fracaso. Nuestros amigos pueden pararse con nosotros al borde del precipicio y recordarnos que no queremos volver a descender a ese lugar.
- *Otorgar y recibir la gracia.* Siempre que alguien está dispuesto a hablar de su historia y da un paso más y confiesa sus tentaciones, debilidades y fracasos, estamos en suelo sagrado. Si somos capaces de otorgar la gracia en esos momentos, las amistades pasan a un nivel más profundo y pueden convertirse en un lugar donde acudamos a recibir la gracia que necesitamos[9].

Yo creo firmemente que no recuperaremos nuestra vida hasta que tengamos un lugar seguro en el cual procesar las circunstancias y los dilemas reales que enfrentamos. El lugar seguro de una persona (ya sea un amigo, un terapeuta, un guía espiritual, un asesor o cualquier otro vínculo significativo y auténtico) es transformador y un ingrediente esencial para vivir con un alma sana.

Así como una página es una invitación a la *reflexión*, una persona es una invitación a la *conexión*. Ambas aumentan nuestra capacidad de ocuparnos de o de prestar atención a lo que más importa.

### *Un plan*

Tengo sensaciones encontradas con respecto a la planeación. Esta realidad suele aparecer cuando escribo en mi diario y en mis conversaciones con Dios, ¡incluso ahora! Tuve que esforzarme mucho para desaprender mi dependencia de la planeación. Necesité huir de la intencionalidad que marcaba mi compulsión y mi autosuficiencia. Aun así, a veces hacer un plan me pone un poquito nerviosa. La idea de planear (de trazar hacia dónde quiero ir) puede hacerme sentir el miedo de regresar a aquellos días en los que trataba de exprimir cada segundo del día, aprovechar al máximo todas mis oportunidades y esforzarme incansablemente para lograr un objetivo. No quiero volver a eso. Es algo que rechazo desde lo profundo de mi alma.

Cuando logré descansar de mi hiperintencionalidad, me animó el deseo de aprender y de optar por cosas como la reflexión, la entrega, la confianza, la renuncia, los impulsos, la alegría de pasar el rato y la espontaneidad. A lo mejor, tenía que aprender a *no planear* antes de poder volver a *hacer un plan*.

Ahora, mis «planes» pretenden cosas diferentes y mejores. Pero, según aprendí, tener un plan sigue siendo importante.

La neurociencia nos enseña que el cerebro se organiza y se estimula (a menudo inconscientemente) alrededor de las cosas que traemos al primer plano de nuestra mente, como una meta o una intención. Mientras buscamos cuidar nuestra alma, hacemos planes para un futuro deseable, pero esta clase de planes se expande mucho más allá de lo que yo solía escribir en mi agenda años atrás.

En los últimos años, muchas comunidades de fe han vuelto a un antiguo enfoque sobre la intencionalidad: la regla de la vida. La palabra en latín *regula* se refiere tanto a una norma como a un emparrado. En agricultura o jardinería, un emparrado permite que una planta (que de otra manera se marchitaría en la tierra) se ciña alrededor de una estructura sólida para poder dar frutos o florecer óptimamente. ¿Cuán productiva o fructífera sería una vid si no tuviera ninguna estructura que guiara su crecimiento y su producción? ¡Sería un viñedo desastroso!

Una regla puede prestar el mismo soporte estructural; la regla de vida soporta nuestra vida y nuestro crecimiento. Las comunidades antiguas comenzaron a «ceñir» su vida colectiva con Dios alrededor de una serie de prácticas que les proporcionaban la estructura necesaria para un crecimiento óptimo. La «regla» de vida más antigua data del cuarto siglo después de la vida de Jesús: antes de las megaiglesias, de la Reforma e incluso antes de la Edad Media.

Un emparrado es inerte: no está vivo y no es lo que genera vida. Pero la naturaleza de ciertas cosas vivas es tal que, por su diseño, se extienden alrededor de esas estructuras y se «elevan». Y nosotros hacemos lo mismo. El alma humana se consumirá en el suelo o se volverá descuidada e infructífera, a menos que se sujete alrededor de una estructura firme: un conjunto de prácticas que en y por sí mismas no imparten vida, pero sí ayudan a que el alma humana mejore y produzca vida.

Cualquier deportista, músico o equipo serio se ciñe de un modo similar a una rigurosa estructura de movimiento, alimentación, salud mental y muchas otras cosas para lograr y mantener el máximo rendimiento. Lo mismo ocurre con la vida espiritual. Podemos desarrollar prácticas para nuestra vida individual o distinguirlas con nuestras comunidades de fe. Las prácticas a las que ceñimos nuestra vida no imparten vida en y por sí mismas. Más bien, se convierten en estructuras sólidas en las que nos sostenemos y, entonces, llegamos a la siguiente estación de crecimiento, manteniéndonos conscientes y alerta a la realidad fundamental en la que funcionamos como seres humanos: una vida completa inmersa (bautizada) en la realidad trinitaria de Dios, viviendo y prosperando dentro del reino de Dios.

Un emparrado también facilita la base y la línea de referencia para la poda. Yo suelo tener muchos zarcillos que van de aquí para allá, buscando su propio día al sol. Pero no todos son lo mejor para mí. Solo el Jardinero puede podar con sabiduría los zarcillos que empiezan a desviarse del emparrado, de la regla, del crecimiento planeado.

En los años recientes, escritores como Steve Macchia, Adele Calhoun, John Mark Comer y otros han ofrecido instrucciones y perspectivas útiles en cuanto al *por qué* y al *cómo* elaborar una regla positiva de vida[10]. Pero, en realidad, cada vez que nos comprometemos deliberadamente a vivir nuestra vida de una manera determinada, con un resultado en mente, actuamos desde lo equivalente a una regla personal de vida, esté escrita o no.

No tengo una regla personal y formal de vida, pero mi manera de vivir involucra lo siguiente:

- practicar la oración silenciosa
- escribir con regularidad en mi diario
- conectarme con las Escrituras
- hacerme tiempo para amistades espirituales y para la comunidad
- mantenerme accesible a las oportunidades para ser hospitalaria
- mantenerme en armonía con la vocación: servir con mis energías y mis dones
- disponerme a trabajar e incluso a cuidar a nuestras gallinas
- mantener una rutina para mi salud física
- dormir bien y lo suficiente
- hacer un retiro mensual de medio día
- hacer un retiro anual el día de Año Nuevo

¿Qué me dices de ti? ¿Qué cosas has incorporado ya en tu vida para que te ayuden a vivir desde el bienestar? ¿Cómo llegaron a ser importantes para ti? ¿Cómo te está resultando tu «plan», en general? ¿Qué cosas nuevas te gustaría incluir?

Mencionar estas cosas (qué resulta, qué no y qué te gustaría hacer) puede ser tu manera de crear un plan.

La página es una invitación a la reflexión. La persona es una invitación a la conexión. Con un plan, encontramos nuestra invitación a la *intención.*

Cuando elegimos la intención en lugar de esforzarnos, surge algo nuevo y diferente, más perdurable que el mero logro, más vivificante que los espectaculares objetivos misioneros. La intención nos aparta de la lista de tareas pendientes y establece un modo de vida, sumergiéndonos cada vez más profundo en la realidad presente de Dios, donde encontraremos su energía, su sabiduría, su poder y sus propósitos.

Mi definición de *práctica espiritual* es: todo aquello que yo haga intencionadamente que me ayude a encontrar un tiempo y un espacio para prestar atención y reaccionar a la labor permanente de Dios en mi vida. Cuando encontramos el tiempo y el espacio, nos damos cuenta de, y nos rendimos a, la presencia de Dios en y alrededor de nosotros. Entonces, cuando hablamos de lo fundamental, me parece que este es un marco útil.

La práctica de la atención implica ocuparnos del estado de nuestra alma: prestar atención a las realidades sinceras mediante la reflexión, prestar atención a la consciencia de uno mismo a través de la conexión y prestar atención al crecimiento sano a través de la intención. Una página, una persona y un plan.

Para ser clara: cuando empecé estas prácticas, no estaba implementando conscientemente una especie de plan encaminado e integral para mi vida. Cada una me llegó cuando más la necesitaba y cuando tuve una predisposición nueva para involucrarme. Lo que no me di cuenta (y quizás no podría haber esperado) era que cuando me dedicaba a una página, a una persona y a un plan, en realidad estaba deshaciéndome de mi antiguo y anémico conocimiento del alma humana y acogiendo algo más valioso. Estaba ingresando en una nueva forma de vida con Dios que cambiaría todo para mí, permitiéndome desarrollarme y florecer, sin importar cuáles fueran las circunstancias de mi vida.

Estaba adquiriendo prácticas que me ayudaban a prestarle atención a la presencia de Dios en mi vida en los momentos comunes, en las conversaciones habituales y en las rutinas normales. Estos ámbitos nuevos de buena disposición me daban el espacio para descubrir a Dios en todas las dimensiones de mi vida. Incluso cuando todo se quemó, sabía cómo arraigarme a la vida que había bajo la tierra carbonizada y estaba preparada con la esperanza de que llegaría un crecimiento nuevo.

Resulta que la página, la persona y el plan son solo el comienzo del recorrido para llegar a un alma más sana. Hay mucho más por delante.

## REFLEXIONES PARA CUIDAR EL ALMA

1. ¿Qué te impide escribir a diario (o casi a diario) tus reflexiones? ¿Puedes comprometerte hoy a escribir un diario? ¿Esta semana? ¿Quizás por treinta días? Si todavía no tienes un diario, elige uno y escribe tu primera entrada.

2. ¿En qué estado se encuentran tus relaciones en la actualidad? ¿Cuál (si hay alguna) te ayuda a prestar atención a la actividad de Dios en tu vida? Aparta un tiempo para tomar un café con un amigo o alguien a quien consideres una persona confiable. Usa este tiempo como una oportunidad para practicar el reflejo y el sinceramiento; luego, si es apropiado, dedica tiempo a compartir las áreas en las que luchas.

3. ¿Cuáles elementos y pasos podrían ayudarte a trazar un plan para avanzar en la sanidad de tu alma? Si deseas recibir ayuda para crear un plan de cuidado del alma, sigue el código QR a continuación (recurso disponible solo en inglés):

5

# DESPUÉS DE RENDIRTE

## Practica la participación

En el clamor y el bullicio del día, la presión del amor cariñoso de la Eternidad sigue susurrando en cada uno de nosotros, como nuestro ser más íntimo, nuestro ser más auténtico. Presta atención al Eterno para que él pueda recrearte y sembrarte profundamente en los surcos del sufrimiento del mundo.

**THOMAS R. KELLY,** *The Eternal Promise* (La promesa eterna)

Uno de aquellos primeros días después del incendio, me quedé parada bajo la brisa fría en lo alto de la colina mirando hacia abajo al páramo de aspecto lunar en el que se había convertido el valle inferior, y me di cuenta de que ahora podía ver la parte más profunda de la quebrada, hasta la tierra y las rocas. Antes de los incendios, la colina había estado completamente saturada. Durante los últimos cien años, un gran velo de pinos ponderosamente maduros se había vuelto espeso e impenetrable en algunas partes. Los pastos altos, los grandes matorrales y multitudes de nopales espinosos llenaron el resto del espacio. Si no tenías cuidado, si por accidente rozabas la planta equivocada, algunas en realidad podían causarte un daño profundo.

Aunque todas esas cosas son bellas en sí mismas y autóctonas de esta región, ciertamente nos dejaban sin acceso a varias partes de la propiedad, tanto en lo visual como, en algunos casos, físicamente.

Pero, después del incendio, la perspectiva había cambiado. Cuando miré colina abajo, pude ver hasta el fondo. Vi la tierra. Vi la topografía del terreno. Todo lo que había en la superficie se había quemado y, a pesar de lo triste que era verlo, en especial en el contexto de todo lo demás que también había sido destruido, me di cuenta de que algo más estaba pasando. De pronto, podía ver posibilidades de la tierra que no había visto antes.

Antes del incendio, bajar a ese campo para limpiar todos los cactus hubiera sido imposible. Ahora, serían más fáciles de quitar porque podía verlos y abrirme paso entre ellos. Vi nuevas posibilidades de plantar cosas distintas allí, al pie de la colina, visualicé diferentes tipos de cultivos, empecé a soñar con un lugar para un cobertizo o una estructura para reuniones al aire libre. Que decidiéramos despejar o no el terreno no era lo importante. Por primera vez, podíamos ver el potencial que tenía.

Que algo llegue a tu vida y queme hasta los cimientos todo lo que te rodea es duro y triste. Negar esa realidad o tratar de evitarla no solo no tiene sentido. Es perjudicial. Tienes que estar presente en ese lugar y llorar lo que se ha perdido. El lamento es una parte vital de la experiencia humana. Pero en algún momento tendrás que levantarte y mirar alrededor, hacer un inventario de tu vida y ponerte a investigar las posibilidades que, de otra manera, no hubieras podido ver. Después de la desolación es más fácil identificar qué espacios en tu vida necesitan ser renovados. Al otro lado de una experiencia bastante difícil encontramos regalos impensados.

Si podemos sobrevivir a los incendios de nuestra vida e incluso aprender a aceptar la desolación, comenzaremos a ver con más claridad el potencial, las posibilidades, los lugares donde podemos hacer cambios. La vida se verá de cierta manera después de este dolor.

Ya que estás construyendo maneras de prestar atención, ¿qué podrías ver ahora que no pudiste ver antes?

## VER LO QUE NO SE VE

En el primer capítulo del libro de Jeremías, encontramos que Dios le hace una pregunta poco común a Jeremías. Él está preparando a Jeremías para la tarea profética que le espera, y en dos ocasiones en ese primer capítulo, en los versículos 11 y 13, le hace la misma pregunta: «¿Qué es lo que ves?».

Las cosas que Jeremías ve («una rama de almendro» [versículo 11] y «una olla de agua hirviendo que se derrama desde el norte» [versículo 13]) forman una especie de base para todo lo que Jeremías verá y hará durante el resto del libro al hacerse cargo del rol de profeta para el pueblo de Dios. Jeremías está aprendiendo a ver con exactitud lo que no se ve y luego a hablar sobre lo que ve. Por eso la pregunta es tan importante. Él verá, escuchará y hablará por Dios.

*¿Qué es lo que ves, Jeremías?*

Para mí, la tierra después de los incendios se convirtió en un tiempo para ver las cosas de una manera diferente. Sentía que el Espíritu generaba una pregunta similar en mi interior: *Mindy, ¿qué es lo que ves?*

A causa de la visión nueva que recibimos directamente después de las épocas difíciles, a causa de lo que ahora podemos ver y que no podíamos ver antes, nuestros jardines de desolación muchas veces resultan ser el momento crucial entre lo que se ve y lo que no se ve.

Los momentos en los que se agranda nuestra apertura a lo que Dios puede estar haciendo.

Los momentos en los que aun podríamos dejarnos llevar desproporcionadamente por la realidad del mundo que no vemos.

Los momentos en que todo cambia.

Hacia dónde va nuestra vida después de una crisis de cualquier índole no está determinado. Nuestra apertura a ese reino que no se ve y la atención que le prestemos a menudo dependen de la condición de nuestra alma o, al menos, de nuestra disposición a considerar en qué estado se encuentra nuestra alma.

Cuando miro hacia atrás, a 1995, y repaso también el 2021, la destrucción total que sentí durante ambas épocas derribó mi vida hasta los cimientos. Todo el exceso de actividades, los deseos, las responsabilidades y las relaciones fueron suspendidos o eliminados. Pero la segunda vez, tuve el lenguaje, la voluntad y la imaginación que me ayudaron a mantenerme conectada con la presencia de Dios. En ambos casos, mientras me aferraba momento a momento, día a día, a esa realidad que no veía, comencé a construir de nuevo. Y lo que el Espíritu de Dios construyó conmigo en los años posteriores fue algo que nunca podría haber existido sin esa experiencia de desolación.

Pienso que la vida a la cual se nos invita, esta vida de cuidar el alma, se trata en gran parte de convertirnos en personas preparadas para el momento crucial, personas que puedan funcionar aun en lugares de desolación, ya sea que la desolación ocurra en nuestra propia vida o en la de otros. No nos desesperamos completamente ni huimos de tener que acompañar a otros en ese espacio donde están sufriendo. Las personas preparadas para el momento crucial saben cuáles son los dones disponibles en su jardín de la desolación y qué pueden aportar ellos a nuestra vida.

Este espacio de lo que se ve y lo que no se ve es lo que Jesús llamó el reino del cielo, el «aquí y ahora» junto al «todavía no».

Es en especial durante estos momentos difíciles que se nos invita a sentarnos en esa intersección, ese momento crucial donde se entrelazan ambos mundos. Nos mantenemos profundamente involucrados en el aquí y ahora pero también profundamente conectados con la realidad invisible de Dios. En ese lugar, nos inclinamos hacia adelante con expectación y rendición; nos metemos en nuestra vida como agentes del reino que están alerta a la confluencia.

Particularmente, cuando nos rodea el dolor o el sufrimiento, cuando estamos presentes en nuestro jardín de la desolación y lo recorremos, puede ser fácil creer que lo único que importa es lo que podemos ver. Ahí sacamos nuestra predisposición fuerte y adquirida para volver a trabajar, limpiar o ignorar nuestras lágrimas, ponernos de pie y recuperar el control de la situación.

Pero si vamos a ser personas preparadas para el momento crucial, no podemos volver a eso. Recuperar el control significa regresar a la vida atareada, de esfuerzo y dominio que vivíamos antes del colapso, de estar quemados o del incendio. Recuperar el control, seguir adelante sin centrarnos en el reino, significa ignorar el punto bisagra hacia lo que no se ve y, una vez más, vivir o intentar vivir una vida completamente autodirigida por nuestra propia fuerza. Nos perderemos el don de recibir nuestra vida y orientación de algo más profundo y real que todo lo que se puede ver.

El reino de Dios es más real que las palabras que estás leyendo, más real que la silla en la que estás sentado. El bien y la realidad que no se ven de Dios sustentan, permean y prevalecen sobre todo lo que podemos ver, tocar, saborear, escuchar y oler. La realidad que no se ve de Dios y la justicia de los caminos de Dios, o su carácter, es lo que a fin de cuentas sustenta un alma sana. Nuestra alma encuentra un gran descanso, o «perfecta paz» (Isaías 26:3), en esa realidad invisible. Más allá de lo trastornada o caótica que pueda ser nuestra vida en lo que se ve, podemos implicarnos en esas circunstancias con una especie de claridad y anclarnos cada vez más en la realidad que no se ve de Dios, en la que podemos confiar en que todo está, en esencia, bien.

## CONVERTIRNOS EN UNA PERSONA PREPARADA PARA UN MOMENTO CRUCIAL

Disfruto de analizar cómo todo lo que sucedió en torno al nacimiento de Jesús fue un movimiento a escondidas para introducir al Mesías en el reino de este mundo con un perfil bajo: un líder clave puesto detrás de las líneas enemigas para ser levantado en un lugar insospechado y de maneras insospechadas. Sin grandes anuncios, sin fanfarria, el Hijo de Dios nace como un niño indefenso entre los pobres y los humildes.

La interacción de lo que está pasando entre lo que se ve y lo que no se ve es dramática en la historia del Adviento:

- En lo que se ve, una adolescente soltera queda embarazada, y su prometido decide llevar a cabo el matrimonio y criar a este hijo. En lo que se ve, unos ángeles aparecen con ciertos informes bastantes notables sobre lo que está pasando en lo que no se ve.
- En lo que no se ve, Jesús llega precisamente al lugar donde tiene que estar, como fue anunciado por los profetas, para que su vida restablezca el gobierno de su reino y su reinado en la tierra. En lo que no se ve, el golpe mortal a la muerte misma se ha puesto en marcha.

Lo que también encontramos en esta historia, sin embargo, son las personas que están en los puntos cruciales. Personas cuya actitud de entrega permite que los propósitos de Dios que se están desarrollando en lo que no se ve entren en colisión precisamente con lo que está sucediendo en lo que se ve.

María y José estuvieron en la intersección incómoda e ilógica de lo que se ve y lo que no se ve. María, en particular, estuvo dispuesta a existir en esa confluencia, a veces dolorosa, del todavía no y el aquí y ahora. Su historia se desarrolla de forma oculta, secreta, imposible.

Es probable que conozcas la historia. Un ángel aparece ante María y le dice:

> —¡Saludos, mujer favorecida! ¡El Señor está contigo!
>
> Confusa y perturbada, María trató de pensar lo que el ángel quería decir.
>
> —No tengas miedo, María —le dijo el ángel—, ¡porque has hallado el favor de Dios! Concebirás y darás a luz un hijo, y le pondrás por nombre Jesús. Él será muy grande y lo llamarán Hijo del Altísimo. El Señor Dios le dará el trono de su antepasado David. Y reinará sobre Israel para siempre; ¡su reino no tendrá fin!
>
> —¿Pero cómo podrá suceder esto? —le preguntó María al ángel—. Soy virgen.
>
> El ángel le contestó:
>
> —El Espíritu Santo vendrá sobre ti, y el poder del Altísimo te cubrirá con su sombra. Por lo tanto, el bebé que nacerá será santo y será llamado Hijo de Dios. Además, tu parienta Elisabet, ¡quedó embarazada en su vejez! Antes la gente decía que ella era estéril, pero ha

> concebido un hijo y ya está en su sexto mes de embarazo. Pues la Palabra de Dios nunca dejará de cumplirse.
>
> María respondió:
>
> —Soy la sierva del Señor. Que se cumpla todo lo que has dicho acerca de mí.
>
> Y el ángel la dejó.
>
> LUCAS 1:28-38

¡Háblame de estar en el máximo momento crucial! ¡Dios viene al mundo en un cuerpo humano! ¿Y qué responde María cuando se le expone la parte que representará en este movimiento monumental? Acepta su papel como sierva de Dios, agrega su consentimiento voluntario y pide que todo lo que el ángel ha dicho se cumpla.

Sin duda, el rol dentro del drama al que María fue invitada es histórico y único en su género. Pero Dios sigue obrando en nuestro mundo: redimiendo, restaurando, rescatando, sanando, guiando y protegiendo. Dios está activo. Hoy, en este momento. Y Dios continúa invitando a todos y a cada uno de nosotros al mismo drama que sigue desarrollándose, ya sea por medio de un ángel o de la evolución de las circunstancias.

¿Cómo respondemos nosotros? ¿Podemos, cuando Dios nos revela una oportunidad (quizás hasta una difícil) ser como María en nuestra respuesta?

«Que se cumpla todo lo que has dicho acerca de mí».

¿Podemos adoptar una actitud de discreta entrega cuando se nos invita al drama en curso entre lo que se ve y lo que no se ve mientras el reino de Dios todavía está revelándose tanto en la tierra como en el cielo?

Eso es lo que distingue la vida de las personas para los momentos cruciales.

Para ponerse y mantenerse en sintonía con la interacción entre el «todavía no» y el «aquí y ahora» del reino hay que dar un paso hacia un estilo de vida de entrega. Adoptamos una manera de vivir entregada. No solo no creamos nuestros propios planes: en realidad renunciamos a ellos, anclando nuestra confianza en Dios y no en nuestra propia fuerza.

Así es, en lo que se ve hay muchos peligros, esfuerzos y trampas. Nos preocupa qué pasará o cuáles serán los resultados de distintas situaciones. Pero Dios quiere que experimentemos el mundo más allá de lo que podemos ver, escuchar, tocar, saborear y oler. Dios nos invita a vivir con el conocimiento profundo y fundamentado de que el reino de Dios y lo que sucede aquí, de alguna forma, prevalece sobre el dolor, el miedo y el horror que son moneda corriente en el mundo.

Pero, habiendo dicho esto, no podemos elegir entregarnos solo cuando, a veces y sin querer, visitamos nuestros jardines de la desolación. El cuidado del alma fomenta la dependencia y la entrega como una forma de vida, sin importar cuál sea la circunstancia. Es un estilo de vida en el que, con alegría, nos entrenamos para mantenernos firmes en Jesús y prestar atención a las señales de lo que está pasando en lo que no se ve, más que en lo que se ve.

Hace poco oraba en este sentido antes de una reunión. Estaba emocionada y quería que el resultado se alineara con mis esperanzas y mis sueños, pero también entendía que no tengo forma de saber cuál resultado sería mejor para mí. No puedo ver el futuro. No puedo ver los finales de todas líneas de tiempo posibles. Recordarlo me ayuda a mantener una actitud de entrega y receptividad. Es verdad, me presento, creo, dirijo y doy los pasos siguientes en lo que se ve, pero mi actitud, en el día a día, es recordarme a mí misma que debo entregarme.

Todos tenemos nuestra lista de lo que esperamos o de lo que tememos, pero seguir conectados con esa realidad invisible del reino de Dios nos permite dirigir más lejos nuestras antenas para captar más de lo que podemos ver. No sabemos qué pasará mañana o qué conversaciones están teniendo lugar en este preciso momento que pueden estar afectando los resultados que nos importan. En la vida de María, como la madre de Jesús, de seguro hubo muchos puntos de sufrimiento y dolor (Lucas 2:35), pero el resultado final fue de gozo. ¿Quién podría haberlo anticipado? Nadie sino el Dios invisible. (Por lo tanto, tenemos que volver a la dependencia. Confiar en que el Dios que conoce los resultados nos permite confiar en lo que no podemos ver).

En su libro *Un testamento de devoción*, Thomas R. Kelly escribe:

> Para que la vida tenga significado ha de ser vivida desde el Centro, desde el divino Centro. [...] La vida que proviene del Centro es una vida tranquila de paz y de poder. Es sencilla, serena, maravillosa, triunfante y radiante. Carece de tiempo, sin embargo, ella ocupa todo nuestro tiempo. Así, ella hace nuevos y más atrayentes nuestros programas de vida. No precisamos de inútiles frenesís; ella lleva el timón. Y cuando nuestro pequeño día ha concluido, podemos descansar en paz y quietud, pues todo ha sido bien realizado[1].

En una vida de serena entrega, no somos robots, pero nuestra actitud supone que estamos relacionados con Dios en lo que se hace tanto en la tierra como en el cielo. Y no solo con Dios, sino lo que es más importante, en el *camino* de Dios. Caminamos en paz, contentamiento, alegría, perseverancia. Desarrollamos la capacidad de soportar el sufrimiento. Y solo podemos experimentar esto cuando vivimos desde el Centro divino.

¿Podemos imaginar un futuro impregnado de la participación de Dios, donde todo estará bien?

## LA MENTALIDAD DE DIOS

Podemos actuar como representantes, agentes, mensajeros, portadores encarnados de la vida que no se ve y de los propósitos de Dios dentro del reino de lo visible. De muchas formas, eso es lo más emocionante de vivir desde la sanidad del alma: ¡ser capaz (capaz en verdad) de participar de la actividad de Dios en nosotros y alrededor de nosotros!

Pero a menudo nos preguntamos: *¿Cómo sé que estoy actuando correctamente de parte de Dios?* ¿Interpretando a Dios en el buen sentido pero no en el malo? Lo he visto muchas veces en mi vida y en la de otros: faltos de humildad, hablamos de algo que confiadamente creemos es la voluntad de Dios, solo para descubrir que lo que hemos dicho no sucede ni funciona de ninguna manera que podría considerarse buena.

Ciertamente, no tengo las respuestas para esto, pero una experiencia con mi hijo Jonathan me permitió entrever cómo *podría* funcionar.

Cuando Jonathan estaba en la universidad, me llamó una tarde mientras yo estaba en una reunión. El horario de su llamada fue bastante inusual, por lo que me disculpé por interrumpir la reunión y contesté mientras caminaba por las históricas calles arboladas de Mapleton Hill, detrás de mi oficina. Mientras caminaba, veía entre los árboles las icónicas formaciones rocosas Flatirons, las cuales anuncian la cordillera frontal de las Montañas Rocallosas, alzándose por encima de la pequeña ciudad de Boulder.

¿Por qué interrumpía Jonatán mi día laboral? ¿Qué era tan importante? Bueno, por alguna razón que ya olvidé, él tenía mi tarjeta de crédito. Vivimos en la misma ciudad, así que no es algo tan insólito: algunas veces, él me hace el favor de hacer algunos trámites por mí o paga en mi nombre en el consultorio del dentista.

Pero ese día me llamó para decirme que había decidido usar mi tarjeta de crédito *sin consultarme primero*. No quería que me sorprendiera cuando viera la transacción en la aplicación bancaria, pero, me explicó, la había usado para gastar unos ciento veinte dólares en comida para una reunión de líderes de Young Life, con quienes servía.

—Solo quería decirte que hice esto —dijo—. Sabía que es algo que pagarías con mucho gusto.

Mientras hablábamos y subía por la colina, me alcanzó una oleada de lo invisible. Sentí que Dios me decía: *Ese es un ejemplo de cómo es confiar en mi voluntad sobre un tema y avanzar con* seguridad*: cuando sabes qué hay en mi corazón acerca de alguna cosa en particular, usas mis recursos para cumplir propósitos que sabes que están en sintonía conmigo.*

De una manera extraña, me sentí tranquilizada y, en cierto modo, amada porque uno de mis hijos me dijo que gastó un poco de dinero para hacer algo que sabía que me emocionaría. Hizo uso de su propia decisión e iniciativa y, con lo que llevó a cabo, en realidad me hizo sentir amada y reconocida.

Juliana de Norwich dijo una vez: «Pues Dios desea ser visto, buscado, esperado, y desea que se confíe en él»[2]. En ese momento, tuve un atisbo de lo que podría sentir Dios. Cómo Dios desea que contemos con él. Me sentí muy agradecida de que Jonathan usara ese dinero como lo hizo. Jonathan conocía la mentalidad de Mindy. Sabía que la mentalidad de Mindy se alegraría de usar ese dinero en pizzas para los líderes de Young Life. Él sabía que contaba con los recursos. Mi intención o voluntad le eran conocidos, y tuvo la confianza de que yo reaccionaría de cierto modo.

Cuando tenemos esa clase de relación con Dios, podemos avanzar con confianza hasta en lo que es un misterio. Podemos solicitar los recursos de Dios para atender diversas necesidades y oportunidades que aparecen en el camino. Por amor y por la relación, debemos adentrarnos en nuestros contextos locales, prestando atención a lo que Dios se propone en todo el mundo.

Las personas preparadas para los momentos cruciales hacemos algo más que simplemente compartir la mentalidad de Dios: usamos esa identidad para moldear nuestros actos y nuestras interacciones con el mundo que nos rodea.

Hannah Hurnard, la autora de *Pies de ciervas en los lugares altos*, escribe en su libro *Los transmisores de Dios* que, como hijos de Dios, nos hemos convertido en un material conductor: con una mano nos sostenemos de Dios y con la otra sostenemos la circunstancia en la que estamos. La enseñanza clara de la invitación de Jesús a orar plantea que lo que transmitimos en este intercambio es ni más ni menos que la bondad, el poder, el amor y la misericordia de Dios. Muchas veces transmitimos el reino de Dios al mundo del «aquí y ahora» cuando prestamos atención a las ideas que el Espíritu pone en nuestra mente. A menudo no tenemos manera de saber de dónde vienen estas ideas. ¡Parecen salir de la nada!

Luego de los incendios, un vecino propuso que nos reuniéramos virtualmente para apoyarnos los unos a los otros como comunidad y, al parecer de la nada, se me ocurrió algo que tal vez fuera una idea del Espíritu: yo podía ser la anfitriona de ese tipo de llamadas para que no estuviéramos limitados a los cuarenta minutos gratuitos que incluye la membresía básica de Zoom. Recopilé los correos electrónicos e invité a una creciente lista de vecinos, a los cuales, en su mayoría, aún no conocía porque éramos nuevos en la zona. Comenzamos a organizar un espacio donde las personas podían ingresar, enterarse de las novedades sobre cualquier nuevo servicio disponible por parte del gobierno y de las organizaciones sin fines de lucro, informarnos los unos a los otros sobre seguros y contratistas, y darnos ánimo en el completo caos en el que estábamos. Algunos vecinos estaban viviendo en cuartos de hotel con tres hijos, dos perros y un gato, tratando de conservar sus empleos virtuales. Otros se habían refugiado en unidades rentadas, sin muebles, y solo querían encontrar tazas para el café del desayuno. Algunos se habían ido de la ciudad y estaban en casas de familiares mientras trataban de sortear la recuperación de las cosas y las reparaciones a distancia. Todos intentábamos comprender los riesgos de la toxicidad de los daños causados por el humo y el hollín que había en las paredes, el césped, las alfombras, el aislante y los juegos del vecindario. Una cosa es que se queme leña, pero cuando se queman los refrigeradores, la ropa, la decoración, las ventanas, las alfombras, los colchones y las tejas es una historia bien distinta. Solía haber llanto por el límite de la cobertura del seguro y por el hecho de tener que mudarse de vuelta a las casas que seguían potencialmente llenas de químicos tóxicos.

No teníamos ningún orden del día para las llamadas; solo queríamos ofrecer un lugar donde todos pudieran procesar lo que había sucedido con los incendios forestales y compartir dónde estaba cada uno en su proceso de recuperación. ¡Y estas llamadas por Zoom se volvieron mucho más populares de lo que podría haber imaginado! Empezamos a encontrarnos día por medio.

Un día, mientras contestábamos una llamada desde la antigua entrada a nuestra casa porque la conexión a internet todavía funcionaba, mi esposo, Jeff, siguió la indicación del Espíritu de hablar con un hombre que conducía un vehículo de servicio, dando vueltas por nuestro vecindario. Resultó que ese hombre era el capitán Jamie Wood, quien había dirigido un grupo de cinco equipos diferentes de bomberos, los cuales habían trabajado en nuestro barrio durante la noche del incendio. Como era especialista en incendios, el capitán Wood había trabajado por todos los Estados Unidos, pero vivía en nuestra zona. Nunca antes había vuelto a una región en la que hubiera trabajado. Él y los equipos bajo su mando fueron los principales responsables de salvar nuestra casa y las partes de nuestro vecindario que no habían quedado destruidas por completo. Nos enteramos de muchos detalles sobre la noche del incendio porque Jeff salió de su coche para conocer a este hombre en nuestro barrio en los días posteriores al incendio.

Gracias a esos contactos que Dios nos susurró, pudimos invitar al capitán Wood a una de las llamadas de vecinos por Zoom. ¡Qué momento más bendito! Lloró mientras volvía a contar las historias de los bomberos de aquel día y aquella noche, cuando finalmente se fueron de nuestro vecindario a las dos y media de la mañana para continuar combatiendo en otro frente, porque, aunque su avance se había frenado, el fuego seguía ardiendo. Persona tras persona, vecino tras vecino en esa llamada por Zoom le agradecimos una y otra vez por todo lo que habían hecho. Muchos pudimos darle las gracias por la tarea que salvó nuestras casas. Varios de los que se sumaron a la llamada habían perdido su casa, y ellos, entre lágrimas, también le agradecieron. Todos entendieron que, si los bomberos no se hubieran detenido para defender nuestra calle, el único espacio abierto detrás de nuestras viviendas habría permitido que las llamas avanzaran hacia el centro de Louisville y destruyeran otros cientos de estructuras y el centro histórico de la ciudad. Conversar acerca de esto fue emotivo y hermoso.

Te digo todo esto para darte ánimo. Esperemos que tu contexto no involucre semejante pérdida y tragedia. Dicho eso, cuando nos abrimos a las señales que Dios envía, cuando respondemos a las variadas indicaciones del Espíritu para iniciar relaciones y amar a las personas, muchas veces Dios usa ese espacio para facilitar la conexión y la sanidad. Las personas sabían de mi fe y que estábamos relacionados con nuestra iglesia local, pero esas sesiones de Zoom no estaban necesariamente enfocadas hacia Dios. Aun así, Dios usó nuestra capacidad de respuesta para generar un espacio para la comunidad en medio de la devastación.

## PARTICIPA CON DIOS

Cuando nos encontramos en momentos cruciales de la vida, preparados para entregar nuestros propios planes y convertirnos en parte del movimiento del reino en nuestro mundo, puede suceder algo interesante.

Podemos ir más allá de la simple entrega e involucrarnos en una vida participativa con Dios.

Dallas Willard ilustra bellamente este punto en unos diez párrafos escondidos en el corazón de su libro *Renueva tu corazón*. Él habla de pasar por las cuatro fases de desarrollo espiritual: rendirse, abandonarse, contentarse y participar[3].

Aunque *rendirse* es una realidad profunda que persiste en la vida de un cristiano nuevo, Willard afirma que es comparable a discutir con Dios por algo y que, entonces, nos sujete en el piso (en un sentido figurado) durante el combate hasta que nos rindamos. Al comienzo de nuestra vida como seguidores de Cristo, el reino no resulta demasiado lógico, y es necesario que Dios, a través de su gracia, nos obligue a rendirnos. Willard diría que este nivel de rendición refleja no una participación y una confianza profundas, sino una especie de inmadurez espiritual. Por supuesto que no hay de qué avergonzarse, ya que es una fase natural del acercamiento a Dios. Acudir a Dios solo cuando todas las demás opciones se han agotado, sin embargo, no es una actitud que uno deba mantener a lo largo de toda la vida.

Willard define la siguiente fase como *abandonarse*. Aquí es donde comenzamos a tener un fuerte sentido de lo que es lógico para Dios, en especial en nuestra propia vida y en el mundo que nos rodea. Entendemos mejor quién es Dios a la vez que empieza a reducirse la brecha que hay entre cómo vemos el mundo nosotros y cómo lo ve Dios. Nos rendimos más fácilmente a la voluntad de Dios, no hace falta que nos sujeten contra el piso, y confiamos más en Dios y sus caminos. Tal vez ya no necesite tener la última palabra en una discusión, o a lo mejor estoy más dispuesta a darle mis recursos a alguien que los necesita, a pesar de que ninguna de ambas cosas me parezca demasiado natural. El estilo de Jesús quizás todavía me resulte antinatural, pero estoy aprendiendo a confiar en él. Puedo ver el camino de Jesús y abandonarme más fácilmente a él. Tal vez, en esta fase comienzo a ignorar mis tendencias naturales. Elijo orar por mis enemigos, amar sin condiciones y bendecir a quienes me lastiman (todas cosas que previamente no tenían ninguna lógica y que, en gran medida, aún no la tienen), pero me abandono a la rectitud de ese camino. Ese abandono confía más en Dios y en sus caminos que la mera rendición.

A medida que avanzamos en la continuidad de la relación y la confianza, la realidad del reino se transforma más y más en el aire que respiramos, en nuestra fuente de vida. Nos inspira algo completamente distinto a lo que nos provocaba cuando meramente nos rendíamos o, incluso, elegíamos abandonarnos a los caminos de Dios. Willard se refiere a esta tercera fase como *contentamiento.* Aquí, sin importar lo que pase, bueno o malo, podemos decir: «Está bien porque Dios me sostiene». Y no lo decimos apretando los dientes, sino que hablamos desde la experiencia vivida; tal es la verdad de nuestra realidad. Lo invisible ha comenzado a eclipsar lo visible. Esta es la paz que supera todo lo que podemos entender. Este tipo de contentamiento radical está disponible ya sea que tengamos un montón de cosas o ninguna, que la gente nos ame o nos deteste y, de verdad y por más que suene extremo, ya sea que vivamos o muramos. Nos mantenemos anclados en Dios, contentos. Respiramos un aire diferente.

Las capacidades de prosperar en estas etapas son enormes porque aquí nos comprometemos directamente con el reino. Ya no obtenemos nuestro sentido de bienestar solo de las circunstancias de este momento que nos rodea. Podemos estar (y, de hecho, lo estamos) fundamentalmente bien, pase lo que pase.

Cuando pasamos por la transición de la rendición al abandono y al contentamiento, finalmente ingresamos en lo que Willard denomina la *participación.* Nos alineamos libre y fácilmente con Dios y nos rendimos por completo a sus propósitos en nosotros y en nuestro entorno; renunciamos con gratitud a nuestros propios planes y nos mantenemos alerta a los planes de Dios, a la actividad de Dios, a la intersección entre lo visible y lo invisible. Este modo de relacionarnos con Dios es a lo que los místicos se referían como la unión: nos convertimos en uno con él pero sin perder nuestra identidad en esa inmersión. Ahora estamos más plenamente vivos y somos más plenamente quien Dios nos creó de manera inequívoca para que fuéramos.

En este lugar, cuando Dios dice «salta», saltamos y preguntamos hasta qué altura, rindiéndonos a lo que Dios diga en ese momento y confiando plenamente en cualquier resultado que él provoque. Sentimos emoción porque hemos visto lo que Dios hizo en nuestra vida cuando nos hemos rendido y hemos abandonado nuestro propio camino y esperamos con ansias ver hacia dónde nos dirige a continuación. Pero hay más todavía (y esto es alucinante): el Señor celebra nuestras ideas e iniciativas cuando salimos al encuentro de las necesidades y las oportunidades del mundo, acercando los caminos y los recursos de lo invisible para lo visible.

La participación es la manera en la que podemos convertirnos en personas preparadas para un momento crucial. El pueblo de Dios, esparcido por todo el mundo, no es un ejército de robots vacíos. Somos compañeros sensibles, creativos, imaginativos y poderosos que propician el reino tanto en la tierra como en el cielo.

Esta es la clase de vida que deseo vivir. Pienso que es la clase de vida en la que, como pueblo de Jesús, experimentamos al máximo la esperanza y el gozo, disfrutando con aquellos que nos rodean. Siguen pasándonos cosas difíciles, pero incluso cuando suceden, nos quedamos en el momento crucial, sujetos al dolor de la vida real y a la realidad suprema de lo invisible. Vivimos nuestras dificultades como invitaciones a la curiosidad, a explorar qué sucede o qué podría estar sucediendo.

Al participar, incluso cuando no vemos ninguna «solución» a nuestro dolor y sufrimiento, identificamos y aceptamos el arco redentor porque tenemos un lugar en él. También conocemos la realidad invisible en el arco redentor del dolor y del sufrimiento del mundo en general, en el cual Dios no demuestra su poder al evitarlo, sino al transformarlo.

¿Cómo puede el dolor que hay en la vida de cada uno (el sufrimiento, los errores, el maltrato, las heridas que llegaron a nuestra vida) activar nuestra imaginación para buscar las formas en que Dios está redimiendo la historia?

¿Cómo podemos manifestar nuestro verdadero yo en la historia, vivos para nuestro propio proceso, pero también vivos para el movimiento de Dios en nosotros y alrededor de nosotros? ¿Y de qué forma eso nos empodera como transmisores que caminan por el camino de Jesús y siguen la guía sobrenatural de Dios, a pesar de que no podemos ni controlar ni predecir hacia dónde nos está llevando Dios?

Cuando somos capaces de imaginar cómo podemos ser personas preparadas para momentos cruciales, comenzamos a superar la simple rendición y nos sumergimos en la emoción de participar con Dios en las cosas hermosas, regeneradoras y transformadoras que están ocurriendo en lo que se ve y en lo que no se ve. Esa visión no solo cuida de nuestra alma, sino que además nos motiva y nos da energía para estar vivos de una manera completamente nueva.

## REFLEXIONES PARA CUIDAR EL ALMA

1. ¿Te encuentras en un lugar de desolación en este momento? ¿En la desolación de tu propio dolor o de otra persona? ¿Cómo podría entrecruzarse la realidad del reino del cielo con este lugar?
2. Piensa en un área de tu vida donde ha habido una pérdida, fracaso o devastación importantes. Escudriña en oración

esa parte de tu vida y empieza a abrir tu corazón a las preguntas. ¿Qué ves ahora que antes no podías ver? ¿Qué cosa es posible ahora en tu vida, que nunca hubiera sido posible antes de que ocurriera la destrucción?

3. ¿Cuál de las fases de Dallas Willard parece describir mejor tu vida actual: rendición, abandono, contentamiento o participación? ¿Qué podría facilitarte vivir con una confianza más fuerte en Dios? Comparte el tema de las fases con un amigo o una persona de tu confianza y pregúntale en qué fase cree que está él o ella.

4. Considera los males, las tragedias o las injusticias que han subyugado tu mente o tu corazón. ¿Qué tipo de mejoras imaginas que podrían ser posibles? ¿Qué estrategias? ¿Qué recursos? ¿Qué equipos? ¿Qué tecnología? ¿Qué innovación?

# 6

# CULTIVA LA TIERRA DE UN ALMA SANA

## Practica el deleite

Si muchos de nosotros dieran más valor a la comida, la alegría y las canciones que al oro atesorado, este sería un mundo más feliz.

**J. R. R. TOLKIEN,** Thorin en *El hobbit*

—¿Qué te causaría alegría, Mindy? ¿Qué cosa te resultaría divertida hacer?

La pregunta de Jeff me detuvo en seco. Mientras pensaba en mi respuesta (y me esforzaba para elaborar alguna), comencé a sentir una especie de pánico. En ese momento, no teníamos ningún ingreso prescindible, nada de dinero ahorrado para alguna necesidad. Estábamos plantando una iglesia y formando una familia, y apenas había transcurrido un año de mi principal incidente médico. No se me ocurrió que pudiera darme el lujo de disponer de tiempo o de recursos para hacer algo divertido.

La verdad es que lo más duro era que ya ni siquiera sabía qué disfrutaba hacer. Años y años de vivir a mal traer habían desalojado todas las aficiones y los placeres simples y al parecer sin propósito a los que pudiera haberme dedicado. ¿Quién tenía tiempo para una afición? ¿Quién tenía tiempo para hacer cosas por el simple disfrute de hacerlas?

—La verdad es que no sé —respondí—. Quizás no sepa cómo divertirme.

—Bueno, ¿qué sería vivificante para ti? —insistió.

Empecé a escarbar en mis recuerdos. *¿Cuándo sentí alegría? ¿Cuándo me sentí viva en verdad?* Por fin, algo me vino a la mente.

—Creo que disfrutaría de montar a caballo —le dije.

Montar a caballo. No lo había pensado en décadas. Montar a caballo era algo que yo amaba cuando era niña: la sensación de ser llevada por algo tan poderoso, de cabalgar por senderos y cruzar los campos galopando. Pero en realidad no hubo ninguna razón, o tiempo extra, para que siguiera haciéndolo, más allá de algunas cabalgatas de vez en cuando en los últimos años.

Entonces, Jeff insistió:

—Deberías hacerlo. Tienes que ir a montar a caballo.

Por lo tanto, y a pesar de nuestras circunstancias, hice los arreglos para montar a caballo algunas horas. Recuerdo más fácilmente mis sentimientos de malestar emocional de aquel día que la verdadera experiencia de montar a caballo. Sentada en el estacionamiento, deliberaba si de verdad iba a seguir adelante con eso.

*No debería estar aquí. Esto está costando carísimo. Tuvimos que organizar que alguien cuidara a los niños. Los niños, ¿cómo estarán? Quizás debería irme a casa.*

Por aquellos días, me movía un paso a la vez, con mucho esfuerzo, para tener una vida nueva. Jeff insistía con delicadeza, incluso a pesar de todas mis preocupaciones, indecisiones y dudas, que simplemente hiciera algo por el placer de hacerlo. No tenía sentido para mí, pero por hacer durante muchos años lo que tenía sentido para mí, había caído en un mundo de dolor. De manera que escuché. Lo hice. Monté a caballo.

Luego, no muchos años después, una mujer de nuestro grupo casero en Chicago se enteró de que me encantaba montar a caballo. Ella y su esposo tenían un establo lleno de caballos, y me invitó a ir. Resultó que no eran caballos comunes de establo. Tenía varias crías de caballos notables, incluyendo a algunos purasangre: animales poderosos, inteligentes y briosos.

A lo largo de los años, ella y yo montamos a caballo (no en fila india o la típica cabalgata siguiendo un sendero, sino una al lado de la otra) a través de las hojas del otoño y de la nieve fresca por campos grandes y riachuelos profundos, por laderas anchas y por senderos estrechos y boscosos. Rodeada por el silencio, salvo por alguna conversación esporádica y el sonido de los cascos cuando golpeaban las piedras y resonaban sobre la tierra, me sentía agradecida por el regalo de montar y de forjar una amistad al mismo tiempo.

Un día, tuve la oportunidad de montar a una purasangre y, por primera vez, salimos a la pista. Era cerca de las nueve de la mañana. El sol estaba bajo y brumoso en el cielo. Di varias vueltas alrededor de la pista con mi yegua, Shannon; ella cada vez más veloz, yo cada vez más confiada.

Entonces, ocurrió algo que me dejó casi sin aliento. Mientras bordeaba a toda velocidad el lado largo occidental de la pista, con el sol brillando bajo en el cielo del naciente, bajé la mirada hacia mi izquierda. Allí, con su silueta perfectamente recortada, vi una sombra nítida: Shannon, su crin y su cola ondulaban al viento a todo galope; y yo iba, sin moverme, encorvada sobre su lomo... ¡volando!

Ese momento fue una de las cosas más hermosas y energizantes que había visto o sentido en mi vida, una instantánea gloriosa de una experiencia de placer superior. Sea que esté limpiando los establos o haciendo cabalgatas o, pues sí, tal vez en especial cuando vuelo sobre el lomo de un purasangre, me doy cuenta de que mi alma revive cuando estoy cerca de los caballos, incluso de los caballos junto a los que paso cuando llego a Boulder, por estos días.

La experiencia de deleite es buena para mi alma. Y creo que Dios se deleita en que yo disfrute.

## EL DELEITE NECESARIO

Algunos nos inclinamos naturalmente por la idea del deleite.

A algunos nos cuesta saber por dónde empezar.

Hace varios años, una amiga y yo compartimos responsabilidades de enseñanza en una gira por tres ciudades, en un evento para mujeres llamado Breathe (Respira). Mi amiga enseñaba el contenido principal y, luego, yo facilitaba algunas preguntas basadas en su mensaje. Como parte de su exposición, mi amiga compartía acerca de concederse permiso para volver a las cosas supuestamente inservibles que había disfrutado en la infancia: recuperar un instrumento que hacía años no emitía sonido, retomar actividades creativas... esa clase de cosas. Era una manera de infundirle vida nueva a su alma agotada.

En cada reunión, yo les daba una tarea a los cientos de mujeres que asistían: «Haz una lista con seis cosas que te den gozo; luego, voltea hacia la persona que tienes al lado y comparte tu lista». Eso era todo. Fácil, ¿no? Seis cosas que te den gozo. Podían ser un color, una comida favorita, montar a caballo, tocar la flauta... ¡cualquier cosa!

En cada ciudad, esto generó algunas reflexiones breves y anotaciones en un cuaderno, seguido de risas y de una conversación apasionada. Pero en la tercera ciudad que visitamos, noté una dinámica muy diferente en el salón.

Esta vez, cuando hice la pregunta, escuché una seguidilla de exclamaciones audibles antes de que cayera un silencio sobre la sala. Nadie supo qué decir. Les pregunté qué les daba gozo en su vida, y no tuvieron idea.

Al final, nos enteramos de que era un contexto con una perspectiva más conservadora e, incluso, restrictiva sobre los roles de las mujeres. Parece que, de alguna forma, en medio de ese contexto, estas mujeres habían perdido su capacidad de deleite.

No son las únicas. Muchos ya ni siquiera sabemos qué nos causa gozo. A ciertos tipos de personalidades, nos cuesta hacer algo que nos encanta cuando no parece algo «útil». Pero la búsqueda del gozo es un asunto muy serio.

¿Qué te da vida? ¿Qué te da una sensación de deleite? ¿Te haces un tiempo para esas actividades?

Si te cuesta trabajo responder esas preguntas, lo entiendo. Pero creo que la experiencia del deleite es algo que debemos procurar si queremos cuidar la salud de nuestra alma.

Cuando somos niños, tenemos una capacidad y un deseo profundos para experimentar el deleite y el gozo. Recuerdo perfectamente que, cuando era pequeña, los sábados a la noche me sentaba al fondo de la iglesia durante las tres horas del servicio de adoración, asombrada por la música, la pasión, la emoción. Mi fe infantil y mi deseo de Dios quedaban absortos por el asombro y el deleite.

Una de las canciones que solíamos cantar en esa iglesia tenía una frase que me encantaba: *El gozo del Señor es mi fuerza.* Esas palabras vienen del libro de Nehemías:

> Luego Nehemías, el gobernador, Esdras, el sacerdote y escriba, y los levitas que interpretaban para el pueblo dijeron: «¡No se lamenten ni lloren en un día como este!

> Pues hoy es un día sagrado delante del Señor su Dios». Pues todo el pueblo había estado llorando mientras escuchaba las palabras de la ley.
>
> Nehemías continuó diciendo: «Vayan y festejen con un banquete de deliciosos alimentos y bebidas dulces, y regalen porciones de comida a los que no tienen nada preparado. Este es un día sagrado delante de nuestro Señor. ¡No se desalienten ni entristezcan, porque el gozo del Señor es su fuerza!».
>
> NEHEMÍAS 8:9-10

*No se entristezcan, porque el gozo del Señor es su fuerza.*

Mi papá y yo pintamos la partitura de esa canción en mi cuarto, justo encima del piano vertical Wurlitzer de mi abuela. (Conseguir mi propia habitación fue un lujo: éramos cinco en ese entonces, pero yo era la única niña, así que conseguí mi propio espacio).

Al hacernos mayores, sin embargo, las adversidades y la tristeza del mundo hacen que el gozo parezca un sueño imposible, ¿verdad? Ponemos al deleite en la categoría de algo que en realidad nunca podemos apreciar... o, por lo menos, no con frecuencia. Sentimos que, a no ser que le asignemos algún valor utilitario a las cosas que solo nos deleitan, es probable que tales cosas sean innecesarias.

Pero fuimos hechos para el deleite. El gozo es como mejor funciona nuestro cerebro[1].

El neuroteólogo Jim Wilder hace la siguiente observación sobre el gozo:

> Desde la perspectiva del cerebro, el gozo estimula el crecimiento de los sistemas cerebrales implicados en la

> formación del carácter, la consolidación de la identidad y la conducta moral[2].

Es decir, efectivamente nos transformamos en personas mejores cuando vivimos con una sensación de gozo. ¿Cómo cambiaría la dinámica de nuestra familia si en nuestros horarios nos hiciéramos más tiempo para el deleite? ¿Cómo sería la vida de nuestros adolescentes? ¿En quiénes nos convertiríamos?

> Jesús manifestó el gozo como la razón para su enseñanza en Juan 15:11 y el rasgo principal de su oración por sus discípulos en Juan 17:13[3].

Jesús dijo: «Estas cosas os he hablado, para que mi gozo esté en vosotros, y vuestro gozo sea cumplido» (Juan 15:11, RVR60). En resumen, dedicó todo ese tiempo a enseñarles a los discípulos no solo para que supieran las cosas, ¡sino para que encontraran su gozo en él! ¡Qué concepto tan increíble es que sus enseñanzas estuvieran destinadas a inspirar deleite y gozo en sus seguidores!

> El gozo no es menos poderoso cuando estamos en situaciones dolorosas[4].

Cuando estamos sufriendo y un amigo se nos acerca y nos abraza, Wilder indica que lo que sentimos en ese instante, a pesar del dolor, es gozo verdadero. ¿No es increíble que sintamos gozo aun en medio de la pena? «Alguien está con nosotros. No estamos solos»[5]. ¡Alguien nos ama! Podemos hallar gozo incluso en las circunstancias más difíciles y, con frecuencia (¿podríamos decir, por lo general?), llega a nosotros en la forma de la presencia: la presencia de un amigo o un miembro de nuestra familia y la presencia del Espíritu Santo.

Muchas veces, olvidamos que el gozo está disponible para nosotros en cualquier momento y lugar. Cuando estamos confundidos, tristes, solos o tenemos miedo, el gozo verdadero puede sostenernos. Debemos seguir regresando al deleite, un retorno continuo.

¿Cómo retornamos al gozo, incluso cuando la vida es difícil?

Cuando noto que a mi vida le falta gozo, tengo en cuenta el consejo del Dr. Wilder y recuerdo que Dios está conmigo, pase lo que pase. Además del hecho de recordar que Dios está conmigo, me resulta beneficioso recordar que Dios se *complace* en estar conmigo. No solo me tolera. Sospecho que, aun en los momentos problemáticos, Dios se deleita de estar conmigo... y contigo.

Una de las formas en que me mantengo gozosa es pensando en el gozo, incluso cuando atravieso cosas difíciles. Entonces, si estoy en medio de una reunión complicada, recibiendo noticias que no quería, terminando una conversación fuerte con una amiga o un miembro de mi familia, recuerdo que, incluso en ese momento, puedo estar gozosa. Y no se trata de fingir que no suceden cosas malas; se trata de darse cuenta de que el gozo puede completar los pequeños espacios en todos los momentos de la vida, aun en los momentos difíciles.

Otra forma de volver al gozo es recordar la realidad del reino invisible que me rodea. Sean cuales sean las circunstancias de mi vida, tengo la habilidad de poner mi esperanza y mi confianza en un Dios que no se ve y que está obrando para mi bien de maneras que no puedo entender: «Así que no nos fijamos en lo visible, sino en lo invisible» (2 Corintios 4:18, NVI).

Dios obra de manera constante, sin cesar, independientemente de la condición de mi alma. Saber que ni siquiera puedo imaginar todas las cosas buenas que están ocurriendo alrededor de mí, me da gozo.

Por último, trato de conservar pequeños recuerdos de mi vida que me recuerdan el gozo. Un ejemplo de ello es mi colección de estatuillas de gorrioncitos. Para mí, el gorrión es el símbolo visible de una realidad invisible, de que me cuida un Dios cuya mirada se fija incluso en el gorrión (ver Mateo 10:29-31). Eso me ayuda a volver al gozo.

## LA PRÁCTICA ESPIRITUAL DEL DELEITE

A veces, las prácticas espirituales se orientan de una manera que transmite: «¡Haz estas cosas, y te sentirás menos ansioso!» o «¡Haz estas otras, y los problemas en tus relaciones desaparecerán!». Y, de alguna manera, esto es verdad. ¿Puede el deleite ayudarnos a soportar el sufrimiento? Sí. ¿Nos ayuda el gozo a experimentar la paz? Sí. ¿Afianzarnos en lo que nos da vida nos ayuda a librarnos de nuestros miedos, dudas e inseguridades? Sí.

Ahora bien (y espero que estés dándote cuenta de esto), aquí hay una perspectiva más amplia. Procurar el deleite ciertamente ayuda a evitar que la salud de nuestra alma se desmorone, pero más fascinante que eso es que Dios puede lograr que el alma sana se llene de energía a través del gozo. Con él, terminamos siendo agentes de sanidad, cambio y restauración. Nos convertimos en portadores del gozo no solo en nuestra vida, sino en las vidas de quienes nos rodean.

La esperanza de la formación espiritual del cristiano es que, a lo largo del tiempo, somos moldeados a la semejanza y a la imagen de Jesús. Todo lo bueno que provenga de realizar alguna de las prácticas que hemos hablado hasta ahora no se debe a nuestra fuerza o imaginación propias. Si nos atribuimos el mérito por el bien que producen las prácticas espirituales, en realidad nos separamos de Dios en lugar de acercarnos más a él y a sus propósitos. Así es. Ese es el fundamento por el cual ejercitamos cosas como la oración silenciosa, la sumisión o el retiro. Es por eso que practicamos la generosidad, la celebración o el estudio bíblico. Todo es para llegar a ser moldeados a la semejanza y a la imagen de Jesús. La consecuencia concreta de una práctica espiritual es que cambia lo que vemos porque cuando miramos las cosas correctas, cuando en realidad las notamos, cambia nuestra manera de vivir. Esta es la promesa de la formación espiritual.

Cuando he practicado el deleite y veo oposición, carencia, injusticia o dolor en el mundo que me rodea, no me acerco con los nudillos apretados y llena de ansiedad, intentando recordar cómo es ser cristiana en medio de todo eso y, al mismo tiempo, ser una fuerza del bien en el mundo. En cambio, el deleite me ayuda a ver sin esfuerzos qué haría un hijo de Dios en medio del quebranto del mundo.

Dios es el origen del gozo (Proverbios 8:30-31). El fruto del Espíritu incluye el gozo (Gálatas 5:22). Por ello, cuando nuestra alma está sana, alimentada por Dios mediante la práctica de las diversas disciplinas espirituales, respondemos sin siquiera pensar en modos que reflejan al Espíritu Santo; estas respuestas suelen incluir el gozo.

Creo que esta es una razón mucho más convincente para perseguir nuestra propia formación espiritual. No se trata simplemente de hacer cosas que me hagan sentir mejor o que me den una vida más equilibrada. Más bien, es hacer cosas que me abran a la transformación, al carácter, al camino o a la semejanza con Cristo. Al interactuar con el mundo en toda su bondad y todos sus problemas, veo y participo con más naturalidad de la aplicación de las soluciones de Dios.

## LA PRÁCTICA ES LA MISIÓN

Era el año 1999. Recién comenzaba esta pequeña organización llamada Soul Care, y ya me sentía agobiada... otra vez. Tenía el rol de anciana en la iglesia, era madre de tres hijos, participaba en una iglesia nueva y pequeña, y un día me vi a mí misma yendo a quién sabe dónde, quejándome con Dios sobre mi vida.

*¿Cuál de estas cosas se supone que debo hacer, Dios? ¡Todas son tan importantes! ¿Debería estar inaugurando el ministerio Young Life en esta región? ¿Instalarme y ayudar en la iglesia? ¿Seguir adelante con Soul Care? ¿Sencillamente, ocuparme de mi familia? ¿Qué quieres que haga?*

Entonces escuché —de manera inaudible pero perfectamente clara— que Jesús me hacía una pregunta: *¿Qué quieres hacer?* En otras palabras: *¿Qué te deleitaría más hacer?*

¡Ah, eso me volvió loca! No me parecía justo. ¡No quería decidir qué seguir haciendo y qué dejar! Solo quería que Dios me dijera hacía dónde ir, qué causaría el mayor impacto en el mundo, en qué me estaba preparando él para que yo realizara. Después de todo, ¿no es eso lo que la Biblia promete?

> Sabemos que Dios dispone todas las cosas para el bien de quienes lo aman, los que han sido llamados de acuerdo con su propósito.
>
> ROMANOS 8:28, NVI

La mayoría de nosotros sabemos cómo traduce la Nueva Versión Internacional este versículo. Pero, si lo piensas, estas palabras encuadran nuestro papel en la obra de Dios como bastante pasivo. Dios está ocupado por detrás, resolviendo todo. Es incluso quien nos llamó, mientras que nosotros solo tenemos que estar seguros de amarlo.

Las notas al pie de la NVI, sin embargo, nos dan una interpretación alternativa que cambia radicalmente nuestra manera habitual de entender este versículo. ¿Qué pasaría si, en el fondo, esto es lo que en realidad significa Romanos 8:28?:

> Sabemos que todo actúa para el bien de quienes aman a Dios, los que han sido llamados de acuerdo con su propósito.

Esto es distinto, ¿verdad? Estas palabras nos hacen poner en puntillas de pie, acercarnos y trabajar junto con Dios para hacer realidad lo que es bueno.

Dios está actuando activamente en el mundo. Y Dios ha elegido actuar, principalmente, a través de los seres humanos. Tú, yo y cualquier otra persona del planeta que lo ama.

A Dios le interesa nuestro deseo y nuestra intervención. Dios prefiere que trabajemos con él, que trabajemos con nuestros hermanos y hermanas en Cristo, a causa de la presencia del Espíritu Santo que vive dentro de todos nosotros, activo en todo el mundo. ¿Y qué motiva nuestro deseo, nuestra intervención? ¿Un sentido de obligación? ¿La determinación resuelta de hacer lo que se supone que debemos hacer?

No sé tú, pero eso me suena mucho a esforzarse de nuevo.

La pregunta que Dios me hizo es la que muchas veces les hacía Jesús a quienes encontraba en el Nuevo Testamento:

*¿Qué quieres?*

*¿Qué deseas que haga por ti?*

*¿Qué estás buscando?*

Cuando no sabemos qué hacer con nuestra vida, Jesús está parado ahí, diciendo: «Yo te puse en esta situación única; solo a ti, de todas las personas del mundo entero. Ahora, ponte a pensar, relaciónate con los demás, e imaginen cómo puede ser el reino aquí, en la tierra».

Por un momento, imagina que Dios está preguntándote esto: *¿Qué quieres?*

Hacer lugar para el deleite en tu vida puede ser lo que te haga tomar consciencia de a dónde te dirige Dios para que interactúes con el mundo. Como hemos dicho antes, la rendición es apenas el punto de partida para quienes hemos decidido seguir a Cristo. La participación es la llamada definitiva. Y aunque tal vez desearíamos que Dios interviniera y nos diera una lista de las cosas que hay que hacer, la realidad es que Dios nos está rodeando con su brazo y preguntándonos: *¿Qué quieres? ¿En qué te deleitas?*

## REFLEXIONES PARA CUIDAR EL ALMA

1. ¿Cuáles son las cosas que te deleitan?
2. Planea hacer algo esta semana por el puro gozo de hacerlo. ¿Qué vas a hacer? ¿Cuánto tiempo dedicarás para hacerlo?
3. ¿Alguna vez te has encontrado con Dios mientras simplemente disfrutabas o te deleitabas en algo?
4. ¿Te cuesta creer que tu vida como seguidor de Cristo podría no solo tratarse de sacrificio y perseverancia, sino también de deleite y disfrute?
5. Escribe sobre las personas que hay en tu vida que están haciendo la obra del reino y que parecen estar disfrutándolo inmensamente. Conversa con ellos al respecto.

7

# TÍMIDO E INTRÉPIDO

## Practica la humildad

Tu paciente se ha hecho humilde: ¿le has llamado la atención sobre este hecho? Todas las virtudes son menos formidables para nosotros una vez que el hombre es consciente de que las tiene, pero esto es particularmente cierto de la humildad.

**C. S. LEWIS,** Escrutopo en *Cartas del diablo a su sobrino*

«¿Cuán grande es tu plataforma?».

¿Alguna vez has escuchado esta pregunta? En nuestra era de influenciadores y redes sociales, la plataforma se ha convertido en una forma de determinar la importancia, la relevancia y la capacidad de impactar en otros que tiene una persona. Las mediciones de una plataforma son cosas como cuántos seguidores tienes en Instagram, cuántos «me gusta» lograste en una publicación o cuánto ha crecido tu lista de correos electrónicos. Nuestro sentido de valía puede estar atado a nuestros números.

Incluso si no tienes un puesto tradicional de liderazgo, la fuerza de una plataforma puede ser muy real. Es fácil sentir ansiedad por quién o cuántos han comentado tu publicación en tu red social. Cuantificar nuestro valor según nuestra visibilidad personal se ha convertido en una preocupación muy real para las personas de todos los ámbitos de la vida.

¿Cuán grande es tu plataforma?

La misma conversación sobre la plataforma se extiende también a la iglesia, donde la credibilidad de un líder suele confundirse con su visibilidad. A veces me pregunto si es una parte necesaria del ministerio actual o si es algo que solo le sirve al ego. ¿Qué habrían hecho líderes espirituales como Henri Nouwen o Dallas Willard si hubieran comenzado su ministerio y su trabajo como escritores en la actualidad? ¿Habrían tenido teléfonos inteligentes, cuentas de Instagram, verificaciones azules para sus identificadores de ~~Twitter~~ X? Para empezar, ¿hubieran llegado a ser voces reconocidas?

Es difícil saber si sus voces tranquilas y suaves hubieran estado por encima del conflicto.

Siendo la naturaleza humana como es, supongo que cada generación ha usado algún tipo de métrica para cuantificar el valor. ¿Cuántas personas han citado tu investigación? ¿Cuánto capital recaudaste para tu empresa emergente? ¿Cuántas cabezas de ganado tienes? ¿Cuántas personas trabajan para ti? ¿De qué tamaño es tu ejército?

Hoy la medida de nuestro valor se puede ver según cuán lindas fueron tus últimas vacaciones, cuán deliciosa parecía la comida, cuán impresionante fue la fiesta de cumpleaños de tu hijo de dos años. A lo mejor, queremos exagerar nuestra cantidad de seguidores o, quizás, queremos que nuestra familia se vea mucho más feliz de lo que es en realidad. Siempre que la métrica establece las prioridades, llega la tentación de inflar la verdad.

Con el tiempo, en algunos entornos, casi he llegado a esperarlo.

Recientemente, estaba conversando con la nueva líder de una organización con la que había comenzado a trabajar. Cuando empezamos a hablar de su alcance comercial, yo tenía determinadas expectativas. Según mi experiencia previa con este tipo de organizaciones, las métricas infladas tenían que aparecer.

Cuando le pregunté cuántas personas había en su lista de distribución de correos electrónicos, respondió que cerca de setenta mil, lo cual me pareció bastante. Luego le pregunté cuál era el grado de interacción de su público, y reconoció que no estaba segura todavía. De hecho, lo siguiente que me dijo fue que la cantidad real de su lista de correos electrónicos era noventa mil, pero se había sentido obligada a bajar el número hasta uno que reflejara con mayor fidelidad el potencial de la lista.

Cuando me dijo *la lista de distribución es en realidad de noventa mil*, quedé sorprendida.

Espera.

¿Qué?

Si nunca has interactuado con alguien sobre los indicadores relacionados con su percepción del éxito o de su desempeño, créeme: un líder nunca subestima *a propósito* sus números. La fama que se han hecho muchos líderes es que exageran, ¡a veces, un montón! Hay una tendencia entre los líderes ministeriales a exagerar los números de su iglesia, sus bautismos, sus grupos caseros o sus equipos de servicio. Esto ha merecido el apodo de «matemática pastoral». La mayoría hubiera fijado el tamaño de esa lista en noventa mil, y es probable que hubiera redondeado para arriba como mínimo en cien mil para que sonara un poquito mejor, un poquito más impresionante. ¡Algunos la hubieran lanzado más arriba todavía!

Sin embargo, esta líder había subestimado a propósito el tamaño de su lista porque quería brindarme un sentido más preciso de la interacción de sus suscriptores. Su objetivo era reflejar la verdad con humildad.

En mi contexto estadounidense, no solemos ser famosos por nuestra humildad. Da lo mismo si somos pastores o líderes empresariales, madres amas de casa o maestras: a todos nos alcanza la tentación de hacer que las cosas parezcan más impresionantes de lo que son en realidad. Y esta falta de humildad revela algo sobre el alma de nuestro país y el alma de las personas. Como consecuencia, la verdadera humildad se destaca.

El investigador sobre liderazgo Jim Collins se refiere a la humildad como una característica distintiva del «Liderazgo nivel 5», la base fundamental para que un proyecto pase de ser bueno a excelente:

> Los ejecutivos más poderosamente transformadores poseen una combinación paradójica de humildad personal y voluntad profesional. Son vergonzosos y feroces. Tímidos e intrépidos. Son raros e imparables[1].

Tímidos e intrépidos.

Vergonzosos y feroces.

Cuando recuperamos la salud, nos damos cuenta de que no sirve de nada malinterpretar la verdad; a medida que nuestra alma se fortalece, cualquier exageración sutil o enorme se vuelve menos interesante, menos tentadora, menos habitual. En cambio, nos inclinamos fuertemente por la verdad y evitamos inflar nuestra propia importancia o nuestro ego. Es una actitud poco frecuente que sobresale en un mundo saturado de exageración y arrogancia.

La humildad es imprescindible para vivir y dirigir desde un alma sana.

## BAÑO DE HUMILDAD

Hace muchos años, un pastor me escribió un correo electrónico porque quería preguntarme algo sobre una charla que me había escuchado dar. Desde luego que me emocionó que se pusiera en contacto conmigo. ¡Por fin alguien había visto la genialidad que yo ofrecía! Arreglé que atendería la llamada durante un horario tranquilo en el que mis hijos dormían la siesta y, cuando el teléfono sonó, mi corazón se aceleró.

Estaba deseosa de otorgarle más de mi sabiduría.

Comenzó dándome las gracias por mi tiempo y luego me dijo que se preguntaba si podía darle la fuente de una de las historias que había compartido.

*Tragué saliva.*

Le di la fuente original, me agradeció, se despidió y colgó.

Eso fue todo. Una conversación de, por mucho, tres minutos.

Justo cuando pensaba que por fin estaba abriéndome camino, ofreciendo el tipo de material que garantizaba las llamadas de seguimiento (sin duda, llenas de aprecio), me preguntaron acerca de mis fuentes. ¡Qué experiencia más humillante para mí como comunicadora incipiente!

Si eres como yo, es probable que de vez en cuando se te presente la ocasión de tragarte el orgullo. (¡He tenido que hacerlo *muchas* veces desde entonces!). Ya sé, vivimos en un mundo de «aparenta hasta que lo logres». Muchas veces, en nuestras comunidades o culturas, parece que nosotros perdemos si otros ganan, y ese el fin para nosotros. Cada parte de la vida se convierte en ganar o morir, a cualquier costo, aun a costa de nuestra conciencia. En esta clase de mundo, la humildad puede llegar a ser difícil.

El historiador y erudito de la Biblia John Dickson plantea que la virtud de la humildad sencillamente no existió hasta la persona de Jesucristo. En su libro *Humilitas*, John señala que, según la evidencia histórica, la humildad se consideraba algo que debía evitarse (pensando en la *humillación*), hasta que Jesús vino a la tierra y empezó a hablar de ella. Tanto *humildad* como *humillación* proceden de la raíz *humus*, que significa «tierra» o «suelo»... ninguna suena demasiado atractiva.

Bajar al nivel del suelo, por voluntad propia o porque alguien más lo hace, no era algo deseado en un mundo en el que (como aún hoy sigue siendo) la prioridad era ganar. Aun así, Jesús lo avaló, nos enseñó a practicarlo y nos dio ejemplos de cómo era. Fue uno de los primeros en calificar a la humildad como una virtud. Los autores del Nuevo Testamento se ocuparon de transmitirla:

> No sean egoístas; no traten de impresionar a nadie.
> Sean humildes, es decir, considerando a los demás como
> mejores que ustedes. No se ocupen solo de sus propios
> intereses, sino también procuren interesarse en los demás.
> Tengan la misma actitud que tuvo Cristo Jesús.
> Aunque era Dios,
> no consideró que el ser igual a Dios
> fuera algo a lo cual aferrarse.
> En cambio, renunció a sus privilegios divinos;
> adoptó la humilde posición de un esclavo
> y nació como un ser humano.
>
> FILIPENSES 2:3-7

> Así que humíllense ante el gran poder de Dios y, a su
> debido tiempo, él los levantará con honor.
>
> 1 PEDRO 5:6

Estos versículos y otros parecidos sugieren que la humildad no es una cualidad que tengamos o no tengamos, sino que es una elección que podemos hacer. A menudo.

Pero aunque la humildad es una elección, no parece ser ni una que podamos elegir *con facilidad* ni una a la que nos sometamos por voluntad propia: por lo general, la humildad parece ser algo que logramos a través de la experiencia.

Sin duda, durante mi enfermedad aprendí mucho sobre la humildad, sobre ser rebajada al suelo. No hay como ser despojado de la capacidad de cuidarse a uno mismo para darse cuenta de que se depende de otros por completo. Esta dependencia, esta concientización de mi debilidad, fue el punto de partida en mi camino hacia la humildad, uno que todavía estoy aprendiendo y en el que, a menudo, fallo.

Ser humillado es un camino hacia la humildad. Pero la humildad no debe ser algo que logremos solo por medio de circunstancias difíciles. Creo que la práctica de humillarnos es algo que podemos aprender. El padre Richard Rohr dijo una vez: «He orado durante años por tener una buena humillación por día y, entonces, ser capaz de vigilar mi reacción a ella»[2]. En este sentido, *la humildad es un rumbo, un camino y un destino al mismo tiempo*: aspiramos a vivir una vida de humildad, elegimos caminar en ella y, a medida que lo hacemos, nos encontramos cada vez más viviendo en ese lugar.

Entonces, ¿cómo comenzamos este viaje?

## DESARROLLAR LA HUMILDAD

Tratar de ser humilde parece riesgoso. Podríamos tener miedo a perder nuestra influencia, perder oportunidades, perder poder, perder control. Pero la buena noticia es que la profunda salud del alma y la mejor clase de influencia están disponibles en el camino a la verdadera humildad, y todos podemos tomar medidas para desarrollar nuestra capacidad para la humildad. Podría ser un camino bastante angosto, los buenos en general lo son.

En su libro *Escuchar a Dios*, Dallas Willard respalda una máxima en tres partes para desarrollar la humildad:

> Dios nos dará gustosamente humildad si, confiando y esperando que él actúe, nos abstenemos de *fingir* que somos lo que no somos, de *presumir* una posición que nos favorezca y de *presionar* o tratar de anular la voluntad de los demás[3].

*No finjas. No presumas. No presiones.*

- *Fingir.* Muchas veces nos sentimos presionados a fingir para que nuestra vida esté a la altura o supere las expectativas de los demás. *¿Qué tal si se enteran de cuáles son los verdaderos números de mi plataforma en línea? ¿O mi sueldo real? ¿O cuántas veces me han rechazado?* Fingimos ser algo que no somos para recibir la clase de honra y respeto que deseamos. El problema con fingir es que estamos, literalmente, viviendo una mentira. Nunca podremos seguirle el ritmo a la imagen que proyectamos, y esta especie de vida engañosa daña nuestra alma. No finjas.

- *Presumir.* Cuando Jesús vio que las personas competían por puestos de honor, dijo: «Cuando te inviten, siéntate en el último lugar, para que cuando venga el que te invitó, te diga: "Amigo, pasa más adelante a un lugar mejor"» (Lucas 14:10,

NVI). Presumir que se nos debe un buen asiento a la mesa, que de algún modo merecemos más honor o reconocimiento que otra persona, manifiesta una total falta de humildad. Al esforzarnos por ser elevados, es inevitable que se nos bajen los humos. No presumas.

- *Presionar.* ¿Cuántos presionamos para lograr determinados resultados, suponiendo que sabemos qué es lo mejor para nosotros o para los demás? Cuando optamos por no presionar, en cambio, nos acercamos a la rendición; soltamos los resultados que esperamos y permitimos que los caminos de Dios tengan precedencia. Cuando nos encomendamos al Buen Pastor, sabiendo que bajo el buen cuidado de Dios todos estaremos bien, vivimos con eso que Eugene Peterson llamó los ritmos naturales de la gracia. No presiones.

No finjas. No presumas. No presiones. En cambio, ríndete al camino de Dios y actúa y habla con humildad. Es el inicio de nuestro viaje a la humildad.

Pero hay más: el inicio de este viaje también se basa en una profunda negativa a seguir participando en las prácticas dañinas del pasado, las cuales incluyen a lo que Scot McKnight se refiere como la «tolerancia a las falsas narrativas»[4]. Dejar falsedades sin abordar es una señal segura de un espacio tóxico, ya sea en un edificio de oficinas o en un hogar. No es necesario mentir para impulsar la obra de Dios. Cada vez que lo hacemos, se descascara un pedacito de nuestra alma y, con el tiempo, termina quedándonos muy poco de lo auténtico. Si insistimos en continuar por este camino, perderemos la noción de qué es verdadero y empezaremos a creernos nuestras propias mentiras.

Hay una última perspectiva de la humildad que me gustaría dejarte, una del pastor sudafricano Andrew Murray:

> La humildad es la perfecta tranquilidad de corazón. Es no esperar nada, para no asombrarme de nada que me hagan, sentir que nada fue hecho en contra de mí. Es estar tranquilo cuando nadie me elogia, cuando me acusan o me desprecian. Es tener un hogar bendito en el Señor, a donde puedo ir, cerrar la puerta, arrodillarme ante mi Padre en secreto y estar en paz, como en un mar profundo de serenidad, cuando todo lo que me rodea son problemas[5].

La humildad es la «perfecta tranquilidad de corazón», no tener expectativas de que vamos a recibir reconocimiento o elogios, sino estar tranquilos cuando no estamos en el foco de atención. En el centro de nuestra humildad está el saber que nuestra identidad no está determinada ni por el reconocimiento ni por el honor que nos otorgan las personas, sino por descubrir nuestra identidad cuando nos arrodillamos ante nuestro Padre celestial en secreto. Amo esa idea.

La práctica de la humildad (o quizás debería decir la práctica de buscar la humildad) no es algo que podamos lograr; es también un camino que nuestra alma necesita recorrer si hemos de encontrar sanidad para el alma. No fuimos creados para llevar el peso del orgullo y del reconocimiento, de estar siempre ubicados en el máximo lugar de la mesa. Le hace bien a nuestra alma practicar la humildad, buscando a propósito los lugares más bajos.

Y si la humildad es la «perfecta tranquilidad de corazón», la práctica del próximo capítulo es una forma de llegar a ese lugar tranquilo.

## REFLEXIONES PARA CUIDAR EL ALMA

1. «No finjas. No presumas. No presiones». ¿Se te ocurre una situación de tu vida en la que sientes la necesidad de fingir para que tú mismo, tu familia, tu trabajo o tu organización luzcan mejor de lo que son? ¿Cuál es tu temor de lo que podría pasar si dejaras de fingir? ¿Cómo podrías liberarte si dejaras de fingir?
2. ¿En qué área podrías tener una opinión elevada de ti mismo? ¿Hay alguna área en la que estés haciendo suposiciones basadas en esa opinión? ¿Cuál podría ser el impacto de esas suposiciones?
3. ¿Qué circunstancias de tu vida te hacen sentir que necesitas presionar mucho para forzar un resultado? ¿Qué temores hay debajo de ese impulso a presionar? ¿Qué te preocupa que pudiera pasar si dejaras de presionar?
4. Reflexiona en tu diario personal sobre lo que hay debajo de tu reacción a fingir, presumir o presionar. Escribe acerca de qué necesidad, preocupación o motivación te genera hacer esas cosas. ¿De qué manera estas tres áreas revelan el bienestar o la dolencia de tu alma?

# 8

# APACIBLE Y SILENCIOSO

## Practica el silencio

El silencio primero nos hace peregrinos.
En segundo lugar, el silencio guarda el fuego interior.
En tercer lugar, el silencio nos enseña a hablar.
**HENRI NOUWEN**, *El camino del corazón*

*Tal empleado usó todos sus días por enfermedad de este año, pero ¿en realidad estaba enfermo?*

*¿Por qué ese líder se va de la oficina todos los días a las cinco en punto? ¿No debería esforzarse más en el trabajo? ¿Trabajar más horas? No parece estar muy dedicado a su trabajo.*

*¿Cómo es que tienen tiempo para desconectarse... ambos? Sus hijos no deben importarles demasiado.*

*Tal pastor se tomó un año sabático. ¿Cómo se las arregla la iglesia sin él? En realidad no debe interesarle tanto su congregación como a los pastores que nunca se toman un descanso.*

¿Acaso te resultan conocidas estas preguntas?

La gente de negocios va a la oficina todos los días: a menudo para trabajar largas horas en perjuicio de su familia, de sus relaciones y de su salud mental. Pero esto se ha normalizado a tal punto que, en ciertas organizaciones, si un ejecutivo no actúa así, es despedido... o, por lo menos, se desconfía de él.

Tener hijos es una responsabilidad importante. No debe tomarse a la ligera. Pero es increíble la presión que ejerce la sociedad sobre los padres para que sean y hagan todo y para que se aseguren de que sus hijos participen en cada actividad extra que existe en este mundo. Cuando los padres mantienen a sus hijos al margen de ciertas actividades, o cuando se toman unos días de descanso, es fácil que se sientan culpables, como si no les dieran a sus hijos todo lo que necesitan o como si no fueran los mejores padres que pueden ser.

Los pastores quedan agotados sirviendo a su gente porque ese es el bien mayor, el ministerio, ¿no es verdad? ¿Compartir el evangelio? Por alguna razón, la sobrecarga de trabajo y no poner límites claros se considera algo normal para ser pastor. Y, con mucha frecuencia, esta forma de vida deja tambaleando a su paso el matrimonio del propio pastor, fomentando adicciones o decisiones de dudosa moral. ¿Qué pensaría una congregación si viera que su pastor da marcha atrás, afloja el acelerador o participa de actividades que son buenas para su alma, a pesar de que ello implique no estar trabajando en la iglesia?

Los líderes suelen sentir que deben cargar el peso de toda la organización. Los líderes estresados y sobrecargados de trabajo son tan frecuentes que prácticamente son la norma. Pero, al mismo tiempo, no están conscientes de que su propia alma está muriendo. En secreto, nos preguntamos si los líderes pueden ser eficaces si trabajan una cantidad razonable de horas y se toman un tiempo para sí mismos y para su familia.

El rey David cargó el peso de toda una nación y experimentó los destructivos efectos secundarios de un alma agotada: el derrumbe de su familia, las relaciones destruidas, las adicciones, las decisiones de dudosa moral. Pero ese no fue el veredicto definitivo sobre su vida. En un salmo que se le atribuye, él escribe:

> Señor, mi corazón no es orgulloso;
> mis ojos no son altivos.
> No me intereso en cuestiones demasiado grandes
> o impresionantes que no puedo asimilar.
> *En cambio, me he calmado y aquietado,*
> *como un niño destetado que ya no llora por la leche*
> *de su madre.*
> *Sí, tal como un niño destetado es mi alma en mi interior.*
> Oh Israel, pon tu esperanza en el Señor,
> ahora y siempre.
>
> SALMO 131:1-3 (ÉNFASIS AÑADIDO)

¿Captaste los versículos del medio?

«Me he calmado y aquietado, como un niño destetado».

En la cacofonía de las exigencias y las presiones de la vida, Dios nos invita a calmar y aquietar nuestra alma. Esta invitación está entrelazada con otra: «¡Quédense quietos y sepan que yo soy Dios!» (Salmo 46:10). Debemos saber que Dios es Dios, pero no basta con saberlo: nuestra alma debe aprender a descansar en él de verdad.

Cuando dejamos que nuestra alma descanse en la presencia de Dios, ya no acudimos a él como un niño desesperado por el alimento o exigiendo su atención y su intervención. En cambio, nos convertimos en el feliz hijo mayor que solo quiere estar cerca por la relación.

¿Cómo es simplemente pasar tiempo con Dios, no porque nos acercamos con una lista de cosas que deseamos o necesitamos, sino porque nuestra esperanza está en Dios, y en Dios encontramos nuestro contentamiento?

## ESCUCHA A TU ALMA

Después de que mi experiencia con el vértigo me obligara a tomarme una temporada de descanso, la perspectiva que tenía de mi valor, mi trabajo y mi alma cambió. En el verano de 1996, más de un año después de mi ataque inicial de vértigo paralizante, hice los arreglos para pasar cuatro horas en un centro católico para retiros en Dover, Massachusetts. En la quietud y la tranquilidad que siguieron a mi colapso físico, estaba empezando a escuchar las cosas que mi alma anhelaba. Alejarme durante algunas horas fue una de ellas.

Escucha a esos suaves estímulos que vienen de tu alma.

Mientras conducía por las carreteras sinuosas entre Norwood y Dover rumbo al centro para retiros, mi corazón estaba en el lugar correcto, pero mi mente seguía teniendo el control. ¿Cómo lo sé? Porque llevaba conmigo diez libros y mi diario a este retiro de cuatro horas. Me instalé en una biblioteca tranquila. Más tarde recorrí el hermoso sendero del terreno a través de prados, junto a un arroyo espumoso. Aun así, seguía sin lograr que mi interior se desacelerara. Mi mente daba vueltas, llena de las preocupaciones y ansiedades de mi vida en Norwood. Además, tenía una serie de cosas que asentaría en mi diario y varios libros para leer que sin duda tenían respuestas importantes para mí y para el proceso de la sanidad de mi alma. Estaba lista para ponerme a trabajar.

Después de muchas marchas y contramarchas, tratando de estar en calma pero viendo que la calma me eludía, experimenté finalmente un momento de paz para mi alma hacia el final de la tarde, sentada en un banco a la luz del sol. De las cuatro horas que pasé allí, lo único que pude encontrar fueron quince minutos de quietud.

Aunque ese retiro se sintió un poco como un fracaso, sin embargo, fue importante que me tomara las cuatro horas, porque encontrar un momento de paz interior no me llevó tanto tiempo la siguiente vez que fui. Fue menos aún la vez que le siguió, y así sucesivamente.

Descubrí que muchas de estas prácticas para sanar el alma no eran cosas que pudiera elegir en un instante y ponerme como una prenda de vestir. Llevaría tiempo trabajarlas. No esperaba correr una maratón en mi primer día de ejercitación física; eso sería ridículo. Del mismo modo, tendría que desarrollar un poco de fuerza para mi alma.

No sucedió de inmediato, pero cada vez que adoptaba las prácticas de silencio, quietud, aislamiento o escritura en mi diario, aprendía a soltar mi compulsión obsesiva y a liberarme de mi necesidad de ser productiva, y mi alma se fortalecía. A medida que el tiempo pasaba, fue más fácil involucrarme en estas prácticas. Lograba escuchar con mayor claridad la voz de Dios. Cuando sucedía algo difícil (o algo emocionante), podía sortear dichas experiencias sin pasar por grandes cambios en mi estado de ánimo o en mi actitud.

De algún modo, la quietud y el silencio, la calma y la tranquilidad a veces son precisamente las cosas que necesitamos, las cosas que ansía nuestra alma, las cosas que traerán sanidad a las partes más dolorosas y quebrantadas de nuestra vida.

## LA ORACIÓN SILENCIOSA

Nuestra alma anhela la sanidad y las prácticas que producen esa sanidad, pero nos hemos vuelto expertos en ignorar o reprimir ese anhelo. Por esa razón es tan importante llevar a cabo prácticas que nos eleven por encima del desgaste de nuestra vida, prácticas que nos propicien una distancia objetiva y nos permitan estar en contacto con Dios para que podamos ver nuestra vida desde su perspectiva. Estas prácticas interrumpen nuestras rutinas adormecedoras y nos permiten ver que el reino de Dios nos rodea en todas partes.

En los meses y años posteriores a mi hospitalización, una mentora compartió conmigo una de las prácticas más transformadoras a las que se había dedicado: una forma de oración sin palabras que, desde entonces, he denominado «la oración silenciosa». La idea de la oración silenciosa parece un poco ilógica, ya que gran parte de cómo pensamos en la oración se relaciona con las palabras. Pero esta forma de oración en realidad tiene que ver con soltar nuestras palabras.

La oración silenciosa se ha convertido en una de las prácticas más útiles y permanentes de mi vida. Pero puede ser difícil para quienes estamos acostumbrados a pasarnos la vida corriendo a un ritmo vertiginoso, ya sea por las responsabilidades del liderazgo, por los roles dentro de la comunidad o porque nuestro hogar está lleno de las charlas y de las necesidades que parecen interminables de los más pequeños. Cuando estamos acostumbrados a definir nuestra vida según la productividad, puede ser increíblemente difícil pasar de la mentalidad de que todos los logros significativos ocurren cuando hacemos algo a la convicción de que sentarnos a orar en silencio puede ser, tal vez, la cosa más productiva que podemos hacer en cualquier momento del día.

La oración silenciosa es una manera de descansar en la presencia de Dios sin usar palabras y con una actitud de franqueza, contrición y anhelo. Para muchos el silencio es un desconocido, nos resulta extraño sentarnos en silencio y estar con Dios. Esto debe convertirse en una parte habitual de nuestra vida, si queremos que nuestra alma prospere. La oración silenciosa nos ayuda a descubrir que nuestra alma sabe qué necesitamos, incluso antes de que nuestra mente entienda que falta algo o qué opciones podrían llenar ese vacío.

El *cómo* de esta forma de oración puede variar, pero mi práctica específica combina principios de atención plena con concentrarme en la naturaleza trinitaria de Dios. No se trata simplemente de abrir nuestra mente al universo; las palabras del Salmo 131:2 nos recuerdan que estamos ingresando en esta forma de oración en la presencia de Dios (el Padre, el Hijo y el Espíritu). Cuando reposamos nuestra mente, tranquilizando y silenciando nuestra alma en la presencia de Dios, estamos invitando a Dios a, u ofreciéndole el permiso de, actuar en las partes más íntimas de nuestra vida.

Simplemente, tenemos que descansar en la presencia de Dios. Como niños destetados y satisfechos sobre el regazo de su madre.

Ahora, si eres como yo, desde el preciso instante que entras al silencio, tu mente se llena de una avalancha de pensamientos: cosas que necesitas hacer, cosas que deberías estar haciendo, personas con las que estás enojado, personas que están enojadas contigo. Nuestra mente, como el agua, se vuelve turbulenta.

Por eso, cuando ingresamos en esta forma de oración, es conveniente elegir una palabra o frase que represente y afiance nuestro deseo de Dios, algo como: *paz*, *florecer*, *Jesús* o *gozo*. Nos detenemos lo suficiente para percibir ese anhelo, tal vez anotándolo en nuestro diario, y dejamos que nos amarre al silencio. Cuando nuestra mente se pone turbulenta, la palabra puede llevarnos de vuelta a las aguas tranquilas, devolvernos a la razón para tener este tiempo. Podemos quedarnos ahí, descansando en la presencia de Dios, confiando en que a un nivel inferior a las palabras estamos dándole acceso a Dios a las partes más profundas de nuestro ser, diciendo: *Haz lo que quieras. Guíame.*

Luego, unos segundos después, cuando comienzan a llegar los pensamientos nuevos que bombardean nuestra mente con nuevas preocupaciones, podemos usar otra vez la palabra para que nos lleve de vuelta a este espacio central de calma.

El solo hecho de entrar en este espacio puede cambiar nuestra respiración. Es una experiencia de cuerpo entero. Descubrí que la oración silenciosa crea un espacio en mi día donde creí que no tenía espacio.

La primera vez que me recomendaron la oración silenciosa como práctica, me animaron a realizarla dos veces por día durante veinte minutos; me reí porque no creía que pudiera no hacer nada durante veinte minutos y ¡mucho menos sentarme en silencio! Así que la modifiqué por lo que pensaba que podría hacer: veinte minutos una vez al día, cinco días a la semana.

Aun así, no sentía que tuviera tanto tiempo. Pero mi vida aún se estaba recuperando de todo lo que había pasado, y yo tenía una sensación muy fuerte de que no sabía cómo dirigirla. El caos, la ansiedad y una relación enfermiza con el trabajo: todo eso me había llevado a un lugar donde mi cuerpo y mi mente me habían abandonado. Uno de los beneficios de un colapso mental es que nos obliga a enfrentar nuestra incapacidad de controlar incluso las cosas más vitales e importantes de la vida.

Lo que descubrí con los años es que la oración silenciosa me abrió a estar presente para Dios y para los demás sin tener un plan, y me abrió a niveles más profundos de sanidad. Te animo: no le tengas miedo al silencio. Ten la voluntad de entrar en el silencio. Descubrirás que Dios te encontrará en ese lugar.

## ESTAR CERCA

Recién había regresado de un viaje largo, y decidimos salir a cenar en familia. Estaba muy contenta de volver a la presencia de Jeff y de los niños. Esa noche disfrutamos mucho el rato que pasamos juntos. Entonces, mientras estábamos en ese momento de calma entre la comida y pagar la cuenta, noté que nuestro hijo mayor, Jeffrey, se había ido acercando de a poquito hacia mí, hasta el punto en que estaba lo más próximo a estar sentado sobre mi falda que un chico de once años podría estar.

No podía recordar la última vez que habíamos estado tan cerca. Atrás habían quedado los días soñolientos de la infancia, los años apretujados de la niñez y los primeros momentos de la escuela primaria, cuando todavía me tomaba de la mano. Ahora eran tiempos de acción sin pausa, tumultuosos, para este preadolescente maduro que no necesitaba a su mamá. Cuando me di cuenta de lo que estaba pasando, recuerdo que deseé poder detener el tiempo. Sabía que el hechizo se rompería una vez que saliéramos al coche para volver a casa, pero ¡ay!, cuánto me hubiera gustado que todos nos quedáramos un poco más. Mi hijo no estaba pidiendo nada. No «necesitaba» nada de mí en ese momento. Solo quería estar cerca. Sin palabras, ninguna conversación, solo nosotros dos compartiendo el mismo espacio y disfrutando de esa sensación de cercanía.

Hasta el día de hoy, esa imagen me invita a acercarme a Dios. Si esa es la medida de cuánto yo, como madre humana, disfruto de la cercanía de mis hijos, no puedo evitar preguntarme cuánto más esa clase de cercanía deleita y alegra el corazón de Dios. Cuando elijo acercarme, sin pedir ni exigir nada, sino simplemente para compartir el mismo espacio, tomo consciencia de nuestra proximidad; he elegido, de tantas otras maneras en que podría pasar mi tiempo, simplemente sentarme y estar cerca de Dios.

¡Qué placer debe causarle a mi Padre celestial!

¿Cuándo fue la última vez que te serenaste y te quedaste en silencio, descansando en el amor y el cuidado del Dios todopoderoso del universo, el que creó los cielos y la tierra, el que te conoce completamente, te ama perfectamente y, con la amorosa mirada del cielo, sabe absolutamente todo de ti? Dedicarle tiempo a esto hará grandes cosas por el bienestar de tu alma, fortaleciéndote, sanándote y ayudándote a ser más sensible a lo que Dios te dice en la vida cotidiana. Practicar el silencio es un acto profundamente restaurador, el cual te preparará para el recorrido que tienes por delante.

Abre tu alma en la presencia de Dios y dile: *Haz lo que quieras.*

## REFLEXIONES PARA CUIDAR EL ALMA

1. ¿Cuándo fue la última vez que estuviste en silencio?
2. ¿Qué te viene a la mente cuando piensas en practicar la oración silenciosa? ¿Te parece atractiva o escalofriante, productiva o sin sentido?
3. Comienza la práctica diaria de orar en silencio. Podrías empezar con cinco minutos por día o, si te parece demasiado, intenta con tres minutos. Con el paso de los días y de las semanas, añade poco a poco más minutos.
4. Escribe en tu diario cómo te hace sentir la práctica de la oración silenciosa, tanto durante como después. ¿Cómo impacta el silencio tu pensamiento, tu actitud?

9

# LA TAREA MÁS DIFÍCIL

## Practica el descanso

La vida que proviene del Centro es una vida tranquila de paz y de poder.
**THOMAS R. KELLY,** *Un testamento de devoción*

La tarea que le di al líder parecía sencilla: dedicar dos horas para un retiro a solas. Había desarrollado un plan para el cuidado del alma pensado para este líder al que conocía bien y con quien había trabajado en estrecha colaboración. El plan general debía ser un camino diseñado exclusivamente para ayudarlo a ocuparse de su vida espiritual, cuidar su alma y asumir la siguiente etapa de su proceso.

Entre las diversas selecciones de lectura, las oportunidades de servicio, las prácticas y disciplinas, este retiro a solas simplemente requería *no* hacer nada. El líder tenía que pasar dos horas a solas con Dios, sin su teléfono. Sin su trabajo.

Eso era todo. Así era la tarea. No le pedía que fuera a pasar ni un mes entero en un lugar recóndito ni un fin de semana en una cabaña alejada... ni siquiera medio día. Dos horas.

¿Y adivina qué?

En verdad había muchísimo trabajo por hacer. Se escribieron

charlas. Hubo viajes a las oficinas internacionales. Se negociaron acuerdos. Se hicieron proyecciones presupuestarias. Se hicieron presentaciones a la junta. Se contrató y despidió a miembros del personal. En otras palabras, se cumplieron todos los vencimientos y se apagaron todos los incendios. Pero, en el período de dos años, este líder —él mismo lo reconoce— no pudo apartarse voluntariamente y dejar de estar disponible. No podía parar intencionadamente de ser productivo. No podía «desconectarse». Se volvió una broma graciosa entre nosotros y creo que, a partir de este escrito, finalmente logró hacer este retiro de dos horas, y muchos otros momentos de este tipo se le han vuelto habituales.

Resulta que aislarse es difícil.

Poner una pausa se siente como que está fuera de nuestro alcance.

Descansar es casi imposible para algunos de nosotros.

Pero también he llegado al convencimiento de que apartar a propósito un tiempo de nuestra productividad para estar a solas con Dios, ya sea por medio del aislamiento, un retiro, un día de descanso o un año sabático es, en realidad, una de las cosas más importantes que podemos hacer. De hecho, debemos hacerlo. Si no nos damos un tiempo, perdemos el rumbo. Perdemos nuestra esencia. Perdemos nuestra humanidad.

Y, cuando perdemos esas cosas, es solo cuestión de tiempo hasta que lo perdamos todo. Hasta que perdamos nuestra alma.

## LA INVITACIÓN A RETIRARNOS

¿Cuál es el mayor desafío que enfrentas? ¿Formar un equipo unido? ¿Comunicar una visión clara? ¿Desarrollar una estrategia para llevar a cabo esa visión? ¿Obtener financiación? ¿Incorporar voluntarios y miembros para el personal?

Tal vez, tienes hijos pequeños y estás tratando de encontrar un espacio para ti misma, fuera de sus muchas necesidades. Tal vez, tus padres ancianos te exigen mucho tiempo y cuidados cuando los asistes en sus cuestiones médicas y sus traslados.

O quizás estés superando problemas de salud que te hacen sentir desgastado y agotado.

En serio. Detente un momento y reflexiona: ¿cuál es tu mayor desafío en este momento?

La mayoría de nosotros, cuando estamos frente a un reto importante y urgente, podemos sentir que la adrenalina empieza a aumentar y hacemos espacio en nuestra agenda, nos privamos de dormir, si es necesario, y hacemos lo que haya que hacer para resolver e, incluso, superar el desafío imponente. Estamos a la altura de las circunstancias, ya sea porque es una crisis laboral, una necesidad de último minuto de nuestro hijo o una emergencia de salud de nuestros padres.

¿Eres así? Estás a la altura de las circunstancias. Haces todo lo que sea necesario. Como Supermán, eres «más rápido que una bala, más poderoso que una locomotora, capaz de saltar edificios altos de un solo brinco». Cuando un empleado o un compañero de trabajo renuncia o se enferma, das un paso al frente y trabajas más para cubrir los huecos. Cuando tu cónyuge está fuera de servicio, te haces cargo de las responsabilidades familiares adicionales.

Y sigues adelante.

Al menos, por ahora.

Yo celebro esta clase de perseverancia, esta suerte de titularidad. La reconozco en mí misma también. Nuestras capacidades pueden lograr grandes cosas, en especial bajo la guía, la dirección y el empoderamiento del Espíritu Santo. Nos encanta citar y ver que «todo es posible».

Pero esto es lo que he notado en mí misma y en otras personas a lo largo de los años: a las personas que ni se inmutan por tener que pasar treinta horas en el tránsito para ir a una conferencia y que, además, negocian transacciones inmobiliarias importantes para sus organizaciones y contratan empleados fundamentales para su personal o a las que cuidan a sus hijos en casa mientras llevan a sus padres a numerosas consultas médicas o a las que son responsables de elaborar proformas financieras visionarias para presentar ante su consejo la próxima semana mientras se preparan para llevar una «palabra de frescura» a ese público expectante... a todas —sin excepción— les parece sumamente difícil hacer una cosa: *retirarse.*

Nos quedamos toda la noche levantados, superamos el dolor físico y emocional, ignoramos los ruegos de nuestros amigos y seres queridos, y seguimos adelante, muchas veces «por el llamado»... o eso creemos. Algunos llegamos a denostar la palabra misma, como si detener el avance fuera una amenaza para nuestra existencia o una acusación contra nuestra persona. Pero, si reflexionamos un poco, veremos que muchas veces nuestra sobrecarga tiene sus raíces en nuestro ego, en no decepcionar a personas poderosas, en aplacar nuestro miedo al fracaso.

Antes de que nos sintamos demasiado frustrados con nosotros mismos, sin embargo, recordemos que esta resistencia a descansar o a retirarnos no es nada ni nuevo ni original para el pueblo de Dios. Y para entender qué hay detrás de ella, no tenemos que mirar tan lejos.

A lo largo de las Escrituras, vemos decenas de invitaciones y exhortaciones, hasta mandamientos, a vivir y liderar desde el descanso: Dios presenta, casi de inmediato, un patrón de día de descanso y les da a los israelitas el Año del Jubileo. Jesús también nos lo enseña a través de sus hábitos de retiro, de quietud y de oración. Estas son cosas que el Señor ha creado y modelado y a las cuales nos ha invitado para reforzar los ritmos de descanso y retiro.

Aunque el descanso y el retiro tienen muchos beneficios que dar, sin embargo, también exigen algo de nuestra parte: confianza. Eso es lo que los hace tan difíciles. Si en realidad vamos a retirarnos y descansar, debemos tener un profundo y constante sentido de confianza en que Dios nos sostendrá tanto a nosotros como a todas las cosas en las que estamos involucrados, aun durante el tiempo que tomamos distancia.

Uno de mis pasajes favoritos de todas las Escrituras, Isaías 30:15, menciona lo siguiente:

> Esto dice el Señor Soberano,
> el Santo de Israel:
> «Ustedes se salvarán solo si regresan a mí
> y descansan en mí.
> En la tranquilidad y en la confianza está su fortaleza;
> pero no quisieron saber nada de esto».

¿Escuchas el disgusto en la voz de Dios cuando menciona: «pero no quisieron saber nada de esto»? Dios se ofreció a sí mismo como la protección y la fuerza de su pueblo, pero ellos, en cambio, fueron y se aseguraron lo que consideraban serían las fuentes de provisión y seguridad: caballos más veloces para poder huir de sus opresores, alianzas con los países vecinos poderosos, en definitiva, lo que este mundo podía ofrecer para garantizar su bienestar.

Y, obviamente, nosotros hacemos lo mismo hoy trabajando más y más para «garantizar» nuestro bienestar, el futuro de nuestros hijos y cualquier cantidad de cosas que, en realidad, no podemos controlar.

Pero Dios se duele por ti y por mí cuando elegimos recurrir a cualquier otra cosa para asegurar nuestro bienestar. Lo único que anhela es que confiemos completamente en él en cuanto a nuestra provisión, nuestra paz y nuestra seguridad.

Incluso hoy, nos dice: «Ustedes se salvarán si regresan a mí y descansan en mí».

¿Puedes percibir el anhelo de Dios por ser nuestro proveedor, nuestro protector, nuestro manantial? ¿La tristeza de Dios porque sabe en qué y quiénes nos convertimos cuando elegimos otra cosa?

Dios habló del descanso y del aislamiento a través de sus profetas en el Antiguo Testamento, pero el modelo de cómo hacerlo nos lo mostró en la persona de Jesús. En Marcos 1 hay una historia que se produce justo después de un exitoso evento ministerial. En esta época, incluso podríamos referirnos a ello como un reavivamiento. Jesús predicaba, sanaba a las personas y atraía cada vez a más gente.

¿Qué haríamos nosotros en esa clase de situación?

¿Seguiríamos trabajando, haciendo más y más? *¡Mira todo lo que está avanzando el reino! ¡No queremos poner todo eso en peligro!*

¿Convocaríamos a más discípulos? *¡Es el momento! ¡Hay que aprovecharlo!*

¿O nos aislaríamos y descansaríamos?

De alguna forma, en medio de todo aquel reavivamiento en ciernes, esto es lo que hace Jesús:

> A la mañana siguiente, antes del amanecer, Jesús se levantó y fue a un lugar asilado para orar. Más tarde, Simón y los otros salieron a buscarlo. Cuando lo encontraron, le dijeron: «Todos te están buscando».
>
> MARCOS 1:35-37

Jesús se aisló para estar con Dios. Dejó atrás a la multitud. Y, de manera bastante «irresponsable», ¡ni siquiera les dijo a sus discípulos a dónde iba! ¿Qué tal si ellos lo hubieran necesitado para algo? ¿Y si algo hubiera salido terriblemente mal? ¿Si alguien en un puesto de poder hubiera querido hablar con él, respaldarlos, ayudar a la causa? ¿Si alguien hubiera necesitado sanidad o se hubiera acercado una persona poseída por un demonio?

La reacción de sus discípulos me resulta conocida: *Jesús, ¿a dónde fuiste? ¡Hay cosas que hacer, personas que curar, sermones que predicar!*

*¡Todos te están buscando!*

Cuando observamos nuestros actuales modelos de ministerio y de qué maneras funcionan, descansar y asilarse suena casi absurdo. Irse justo cuando las cosas están empezando a despegar parece ridículo, hasta irresponsable. Al fin y al cabo, estamos aquí para ayudar a que las personas encuentren la vida eterna.

Cueste lo que cueste.

¿Cueste lo que cueste?

Aunque el descanso y el aislamiento son indispensables, a veces podrían parecer inoportunos, inapropiados o, incluso, irresponsables.

Ahora bien, si Dios en forma humana elegía descansar y retirarse a un lugar aislado, ¿cuánto más nosotros necesitamos hacer lo mismo?

## CÓMO HACER UN RETIRO A SOLAS

Dios nos ordenó descansar, y Jesús nos mostró cómo hacerlo. Aun el mundo secular que nos rodea está empezando a reconocer la importancia del descanso integral y el retiro para el éxito humano. Un reciente artículo[1] de Forbes enumera cinco beneficios que tienen lugar cuando te aseguras de estar recibiendo el descanso adecuado:

- *Curación física.* El cuerpo humano se fortalece durante los arrebatos de actividad, así que tomarse un descanso, aunque sea de unos pocos minutos, puede renovarnos a lo largo del día. «El descanso adecuado ayuda a tu cuerpo a activar su cascada interior de curación y a volver a un estado de homeostasis»[2]. En otras palabras, descansar ayuda a que nuestro cuerpo se repare y se recupere del intenso trabajo que estás haciendo.

- *Reducción del estrés.* Cuando estás estresado, experimentas una reacción de luchar o huir, lo cual te hace sentir más productivo, por lo menos, a corto plazo. Pero nuestro cuerpo no fue diseñado para permanecer en ese estado. «Descansar activa el sistema nervioso parasimpático, lo opuesto a [...] la reacción de luchar o huir»[3]. Descansar puede disminuir tu frecuencia cardíaca y tu presión sanguínea, restablecer la función digestiva a su ritmo normal, y reducir los niveles hormonales que causan estrés.
- *Creatividad potenciada.* Descansar te otorga el tiempo para recargar tus reservas, reflexionar y derribar los muros de la creatividad. Las problemáticas abiertas pueden resolverse mucho más fácilmente porque tu cerebro tiene el espacio para actuar espontáneamente.
- *Productividad mejorada.* El cerebro es como la mayoría de tus otros músculos. Es menos funcional cuando está fatigado. El descanso agudiza tu pensamiento.
- *Toma de decisiones optimizada.* Trabajar durante mucho tiempo, o sin descanso y sin retiro, disminuye tu capacidad de concentración y tu capacidad emocional.

Estos beneficios solo se amplían cuando le dedicamos tiempo a un descanso más intencionado y prolongado como los retiros e, incluso, los períodos sabáticos. Recientemente, varios amigos míos se apartaron de sus responsabilidades como directivos superiores durante un verano para tomarse un período sabático. Algunos lo hicieron por el breve plazo de un mes y otros por tres meses o más. ¡Qué medida más sabia y estratégica tomaron! Pero el período sabático no son vacaciones prolongadas. De este regalo se puede lograr mucho más que darse un tiempo: por ejemplo, una perspectiva más amplia de la vida o un vínculo más claro con Dios, libre de las distracciones y de las responsabilidades normales, y la oportunidad de ver, con la ayuda de Dios, dónde y cómo nuestra vida se conecta con el reino de Dios.

En caso de que pienses que los sabáticos solo son posibles en el ministerio cristiano, el concepto, en realidad, comenzó a instalarse en la cultura dominante. *Harvard Business Review* menciona:

> Aunque el tipo (remunerado versus no remunerado), la duración (semanas versus meses) y otros detalles de los períodos sabáticos varían, la investigación indica que la tendencia en alza de los períodos sabáticos se debe a dos factores primordiales. El tiempo de los períodos sabáticos y las vacaciones prolongadas no solo sirve para que los empleados descansen y se recarguen; beneficia a la organización poniendo a prueba la presión del organigrama y brindando funciones provisorias para permitir que los empleados aspirantes asuman como propio el liderazgo[4].

Los retiros y los períodos sabáticos te permiten acceder a un espacio donde el ruido de fondo de tu vida puede disminuir en serio. Los momentos de descanso real y prolongado no son para maratonear series, para hacer vida social o para salir a correr. Esas cosas tienen su lugar pero no como parte del aislamiento y del retiro. Allí, tu mente puede tranquilizarse, enfocarse en estar con Dios, descansar en Dios y conectarse con Dios.

Entonces, ¿cómo podrían ser para ti los momentos voluntarios de retiro?

Empieza por revisar con sinceridad tu calendario. ¿Está al límite? ¿Hay margen para descansar? La mayoría de las personas se sorprenden de lo fácil que es hacer ajustes con anticipación. Cómo pases tu tiempo y con quién es uno de los factores más importantes para la regla general de la vida. Asegúrate de incorporar el descanso, el retiro, el silencio y la soledad a ese plan.

¿Dónde y cuándo harás una pausa, te desconectarás de tu productividad y de la sensación de estar «activo» y te conectarás con Dios? Algunos se despiertan temprano a la mañana, antes que el resto de la casa, encienden una vela y reposan en silencio en la presencia de Dios mientras comienzan un nuevo día. Otros necesitan irse a otra parte (físicamente), al cómodo vestíbulo de algún hotel cercano, una biblioteca pública, un parque o, incluso, a una cafetería. Sea cual sea el lugar, alejarse de las responsabilidades conocidas que parecen ser interminables en el hogar o en la oficina les es indispensable. Para tener un tiempo sabático prolongado, elegir un centro para retiros u otro tipo de alojamiento «alejado de lo cotidiano» para pasar la noche te permite aprovechar al máximo este regalo singular de tiempo prolongado reservado para la reflexión, el descanso y el reajuste neurológico.

Donde sea que desembarques, más allá de cuánto tiempo tengas, deja que tu mente, tu cuerpo y tu alma efectivamente absorban la experiencia. Presta atención a qué te resulta complejo y, en lugar de tratar de cambiar cualquier reacción en particular a lo que le prestaste atención, simplemente habla con Dios sobre cualquier tipo de pensamientos y sentimientos que aparezcan durante este tiempo. Invita a Dios a hablarte en lo personal sobre lo que estás sintiendo.

Si el concepto del retiro personal te resulta desconocido y extraño, habrá una curva de aprendizaje. Alejarse será difícil. Toda tu memoria muscular, todo tu ser, gritará y chillará a todo pulmón que sigas siendo productivo, diciéndote que no vales nada más allá de lo que haces, logras o posees.

Estas son algunas de las cosas que me han ayudado:

- *Comienza cada día desde un lugar de paz bien fundada.* En algún momento, me di cuenta de que tenía incorporada la rutina de despertarme con las exigencias estridentes de cada día, así fueran las de mis hijos pequeños o de las fechas de entrega urgentes. Luego me pasaba el resto del día reaccionando, jadeante, a cualquier cosa que se me presentara. Mi mente y mi cuerpo estaban siempre en alerta, midiendo la próxima exigencia o el próximo desastre. ¡Resulta que no es una manera espectacular de estar en el mundo!

  Desde hace ya muchos años, he encontrado formas de comenzar cada día a mi manera, en paz, en silencio y con Dios, haciendo una pausa suficientemente larga como para centrarme, escuchar, respirar, reflexionar y abrazar la gratitud.

  Ya sea que tengas solo cinco minutos o mucho tiempo más, asegúrate de hacer una pausa deliberada al comienzo de cada nuevo día. Puedes encender una vela. Podrías despertarte treinta minutos más temprano, orar en silencio o reflexionar en las páginas de un diario personal. Sea lo que sea, tomarte cinco minutos para respirar hondo genera una oportunidad para reconectarte con la presencia de Dios que te rodea. Recibir el nuevo día con gratitud y expectativa te permitirá instalarte en él con una energía completamente diferente.

- *Programa tomarte un tiempo a solas; luego invita a otros a compartir tu tiempo... ¡para hacerte responsable de él!* El aislamiento grupal puede parecer un oxímoron, pero en realidad tiene cierta perdurabilidad. Por esta misma razón, los últimos años he estado organizando lo que llamo un retiro semisilencioso con una regularidad mensual. Incorporamos tiempo para el silencio y para la interacción. Una divertida comunidad virtual está creciendo en torno a él, pero cada cual sabe que comencé los retiros en parte por razones egoístas: quería asegurarme de que me tomaría unas horas cada mes para un rato de aislamiento personal.
- *Comprométete a un día de descanso variable de veinticuatro horas.* Dada la diversidad de profesiones, no necesariamente tenemos todos un día de descanso el fin de semana. Lo sé. Quizás no tengas libre los domingos o los sábados. O los lunes o los miércoles o los viernes. Puede ser que pases mucho tiempo en la carretera y tus horarios cambien cada semana. Puede ser que en general sí tengas los fines de semana libres de las expectativas de los horarios de oficina, pero tu trabajo siempre parezca requerir tiempo del fin de semana para mantener el crecimiento. O a lo mejor tu trabajo es tu entorno hogareño, cuyas demandas jamás se terminan.

  He descubierto lo siguiente: así como es vital el principio que respalda el día de descanso —el descanso en Dios, el no estar «activo»—, es vital el periodo de veinticuatro horas en las que no estás «activo», en las que no estás ni adelantando prioridades concretas ni esforzándote por alcanzar el próximo horizonte. Aunque ese principio perdura, lo que fluctúa es el tiempo que cada semana le dedico a estar «inactiva». Me resulta práctico trazar una línea imaginaria en mi agenda y comprometerme a no seguir adelante con algo durante las próximas veinticuatro horas. A veces, es un viernes a las tres de la tarde; a veces, un domingo al mediodía. Pero, por lo general, entre el viernes y el lunes puedo reservarme esas sagradas veinticuatro horas sabáticas para estar «inactiva».

Si tu calendario puede adaptarse a que el día de descanso sea en el mismo espacio de tiempo todas las semanas, pienso que sería una práctica más beneficiosa para tu cuerpo y tu alma. Pero si tu calendario no te permite ese nivel de rutina, por favor, al menos asegúrate de que puedas establecer esas veinticuatro horas consecutivas para estar «inactivo». Sí, puedes seguir estando con tu familia y tus amigos; sí, puedes salir a caminar o leer un libro excelente, pero no estás «activo». No estás adelantando cosas. Eres capaz de descansar. Confía. Disfruta a Dios y a los demás. Recréate y relájate. Reponte y recupérate. Recuerda y descansa.

Si hacer un retiro a solas ya es una práctica habitual para ti (y ojalá lo sea), comienza a invitar a otras personas a que te acompañen en tu viaje. Como hizo Elías por el joven Samuel, ayuda a que otro empiece a discernir la voz de Dios en su propia vida. Ayuda a las personas que están detrás de ti, en edad o etapa de la vida, a formar conductas de descanso y retiro desde una edad temprana de su vida. Sé ejemplo de esto para tus hijos.

Lo que he notado a medida que aprovecho el descanso y el retiro cada semana y cada mes es lo siguiente: me queda en claro quién es Dios y quién no es. Mi espíritu se renueva. Mi alma se recupera. Vuelvo a anclar lo que hago en el ser de Dios y en mi propio ser[5].

El retiro y el descanso no pueden ser cosas que hacemos solo cuando no tenemos nada más que hacer. El retiro y el descanso son, en realidad, una prioridad estratégica.

Así que saca tu calendario. Haz algunos cambios si es necesario. Encuentra varias horas (incluso medio día si es posible) para hacer un miniretiro mensual. Prueba hacer esto durante unos meses y, luego, evalúa.

Si te ayuda a garantizar tu comienzo tranquilo del día, pon la alarma más temprano o usa un temporizador.

Sea cual sea el camino que elijas, admite que ninguno será fácil.

Pero no te apuntaste por lo fácil; tú quieres una vida floreciente. Y el descanso es un ingrediente *clave*.

Haz lo más difícil.

## REFLEXIONES PARA CUIDAR EL ALMA

1. ¿Qué muestra tu agenda sobre el valor actual que le das al descanso, al retiro y a estar a solas? ¿Te gusta lo que ves?
2. ¿Cuándo fue la última vez que te sentiste profundamente descansado? ¿Qué estabas haciendo, o no haciendo, en esa ocasión?
3. Hazte el tiempo para un día de descanso de veinticuatro horas esta semana. Anota en un diario o en tu agenda a qué hora comenzará y terminará. Empieza a prestar atención a tu capacidad para descansar.
4. Haz preparativos para realizar un retiro de tres horas en algún momento, el mes que viene, ¡y fíjate si puedes reclutar a un compañero para compartir la experiencia! Observa qué resistencias se te presentan y reflexiona acerca de ello en tu diario personal.

10

# EL ALMA FLORECIENTE

## El Dios de la Situación Q

Confía en Dios, que estás exactamente donde debes estar.
**SANTA TERESA DE ÁVILA**

Allá por los años 1996 y 1997, los años que siguieron a mi hospitalización y el diagnóstico final del vértigo invalidante, comencé a reunirme con un grupo pequeño de mujeres. Todas habíamos llegado, de una manera u otra, al límite de nuestra paciencia. Nos encontrábamos bastante dispuestas a (como indica el comienzo de los Doce Pasos) admitir que «éramos impotentes», a tomar la decisión de «poner nuestra voluntad y nuestra vida al cuidado de Dios», a admitir ante Dios y ante cada una de nosotras la «naturaleza exacta de nuestros defectos» y a que Dios «nos liberara de nuestros defectos de carácter»[1]. En resumen, estábamos cansadas de todas las poses y las máscaras que usábamos y estábamos dispuestas a ser vulnerables unas con otras.

A medida que nos involucrábamos en estos espacios de devoción y oración, dispuestas a rendirnos a como Dios quisiera intervenir en nuestra vida, comenzamos a ver un patrón.

Empezamos a referirnos a ello como la Situación Q.

Muchas veces, cuando nos reunimos con otros y oramos por las cosas que están pasando en nuestra vida, oramos por la Situación A. Es lo que en realidad queremos que suceda. Entonces, si alguna del grupo quería un trabajo nuevo, orábamos que consiguiera el trabajo que en realidad quería. Esa era la Situación A.

La Situación B era tener que conformarse con un trabajo que en realidad no quería, pero que debía aceptar porque necesitaba el trabajo, así que eso también era una opción. Pero la Situación A seguía siendo por la que orábamos, y la verdad es que no queríamos que se diera la Situación B.

Mientras tanto, la Situación C estaba agazapada. Es probable que fuera algo entre el trabajo ideal y el trabajo por necesidad, algo que cumpliera con algunos de los requisitos y que no le aniquilara el alma. Y, después de todo, la mayoría pensamos que la Situación C es lo que termina ocurriendo, ¿verdad? Porque, por lo general, lo ideal no se hace realidad, pero lo peor tampoco ocurre, así que todos damos por sentado que sucederá la Situación C.

Nos hemos acostumbrado a vivir la vida en la Situación C.

Pero aquí es donde entra la Situación Q.

Lo que empezamos a ver y a experimentar en nuestro grupo de mujeres fue que, sobre cualquier cosa por la que orábamos, ya fueran problemas matrimoniales, un trabajo nuevo o situaciones que estaban pasando con nuestros hijos, éramos sinceras sobre lo que deseábamos y lo que no y sobre nuestra tendencia a conformarnos. Entonces, antes de que sucediera cualquiera de las situaciones que imaginábamos, aparecía la Situación Q.

La Situación Q era la que sucedía y que nunca podríamos haber imaginado o visualizado. Veíamos un problema o una situación de la vida y pensábamos que podíamos ver todas las distintas maneras en que iba a desarrollarse: la Situación A, la Situación B o la Situación C. Pero luego surgía la Situación Q, algo que no habíamos anticipado en lo más mínimo, completamente fuera de lo que habíamos esperado.

Esto sucedía una y otra vez. Y, cuando ocurría, nos sorprendía totalmente desprevenidas. Pero de lo que empezamos a darnos cuenta, y lo que era tan hermoso, sobre la Situación Q era que, cuando estábamos pensando en A, B y C y orando por ellas, nuestras situaciones específicas no solían captar un deseo más profundo. La Situación Q siempre afloró y satisfizo ese deseo fundamental.

Para mí, puede ser de esta manera: la Situación A es un trabajo en particular, o determinada situación de vida, que quiero en realidad. Quizás sea una amistad que ciertamente quiero tener o el resultado de un proyecto de trabajo. Es el futuro ideal de todo aquello que en la actualidad estoy a mitad de camino. Luego, la Situación B es lo que en realidad *no* quiero para las situaciones anteriores. Podría ser terminar atascada en el trabajo o en una situación de vida puntual y dolorosa. La persona de la que espero ser amiga me ignora. El proyecto fracasa estrepitosamente. Entonces, oro a Dios seriamente, pidiéndole por los resultados que imagino en la Situación A y le suplico que me evite la Situación B. Mientras tanto, me preparo mentalmente para alguna posición intermedia que, por alguna razón, pienso que es probable o posible.

Me preparo para la Situación C que, en este caso, puede representar un pequeño ajuste en mi función laboral, un cambio levemente favorable en mi situación de vida, una amistad socialmente activa pero no espiritualmente satisfactoria o un éxito medio en el proyecto en el que estoy trabajando.

Debajo de todas estas situaciones, tanto imaginarias como posibles, hay un anhelo. En esas situaciones específicas, anhelaba que el trabajo que yo hacía aportara valor y sentido. Anhelaba que nuestra familia joven tuviera lo necesario en la próxima etapa para sostener nuestro crecimiento. Anhelaba amistades profundas y valiosas. Anhelaba el futuro de una visión mundial enorme llamada Soul Care.

Pero la Situación Q apareció para cubrir ese anhelo con algo que yo, sencillamente, nunca podría haber previsto: una mudanza a una nueva ciudad, un lugar de residencia tremendamente distinto para nuestra familia, amistades que perduran a la distancia y otras que se profundizan con la nueva cercanía, el abandono total de los proyectos en los que tanto había trabajado para desarrollar.

Cuando suceden ese tipo de cosas, no podemos verlas venir. No tienen nada que ver con lo que nos parece posible. Por naturaleza, la Situación Q es imposible de predecir, imposible de pronosticar.

Pero la Situación Q no es un hecho. Si no podemos abrirnos a cosas nuevas, si seguimos tan encerrados en nuestras ideas preconcebidas de lo que debería ser, podemos llegar a perdernos lo que Dios en realidad se propone. Algunos pretenden que seguir a Dios sea un modo de vivir que garantice que todas nuestras oraciones sean contestadas exactamente como las pedimos. La Situación Q nos invita a recibir algo mejor que cualquier cosa que podamos imaginar, reconocer que Dios puede estar preparándonos para encontrarnos con él en realidades más profundas de las que siquiera comprendíamos que necesitábamos. ¿Recuerdas el momento crucial, donde el reino que no se ve entra en contacto con nuestra vida palpable? Ahí es donde existe la Situación Q. Es cuando algo que sucede en lo que no se ve irrumpe en lo que se ve y tenemos una resolución, al menos, por un tiempo.

El cuidado del alma no es una invitación a una lista de cosas nuevas que puedes hacer. No se trata de involucrarte en prácticas nuevas simplemente para poder decir que las haces. No es la sencillez por la sencillez misma, de aislarse a favor de estar a solas. Tampoco es la oración silenciosa por la oración silenciosa.

El cuidado del alma te prepara para la Situación Q incluso antes de que te des cuenta de que esa podría ser una opción.

El cuidado del alma es un modo de vida que te permite desarrollar el corazón, la mente y el espíritu para convertirte en una persona del reino, un participante activo con Dios en el aquí y el ahora.

No tiene nada de malo desear la Situación A. Dios nos invita específicamente a pedir, buscar y llamar a la puerta. Pero cuando tu alma está sana, perforas la alfombra con tus rodillas, entregándote con desesperación a Dios, buscando su voz en la Situación A pero con la disposición a cualquier cosa que él quiera hacer. Te has dado cuenta de que no sabes nada sobre lo que más te conviene. Sabes que tal vez puedes imaginar qué es lo mejor o elaborar algo que parezca una mejora, pero vives en la realidad más amplia: que puede ser que Dios quiera hacer algo que tú nunca podrías haber ni esperado ni imaginado.

El fruto de esta clase de vida es que estás consciente y abierto a la Situación Q si esta comienza a revelarse. Puedes notar que Dios está obrando y puedes descansar en la confianza de que él se mueve mientras esperas. Tienes la libertad de vivir en la añoranza y la belleza de Isaías 43:16-19 (NVI):

Así dice el SEÑOR,
  el que abrió un camino en el mar,
  una senda a través de las aguas caudalosas;

el que hizo salir carros de combate y caballos,
ejército y guerrero al mismo tiempo,
los cuales quedaron tendidos para nunca más levantarse,
extinguidos como mecha que se apaga:
«Olviden las cosas de antaño;
ya no vivan en el pasado.
¡Voy a hacer algo nuevo!
Ya está sucediendo, ¿no se dan cuenta?
Estoy abriendo un camino en el desierto
y ríos en lugares desolados».

Dios está haciendo algo nuevo, algo que ni siquiera podemos percibir. Cuando incorporamos la capacidad de estar tranquilos, de practicar la oración silenciosa, de estar abiertos y rendirnos a que Dios traiga cosas nuevas a nuestra vida, nos liberamos de nuestras ideas preconcebidas sobre cuál podría ser el abanico de posibilidades.

Dejamos de preocuparnos por las situaciones A, B y C.

Sabemos que Dios está detrás de escena, preparando la Situación Q.

## VIVIR CON EL ALMA SANA

Las implicancias en la vida real de convertirse en personas que confíen en la Situación Q son las siguientes: dos personas pueden experimentar circunstancias similares y responder de maneras completamente diferentes, dependiendo de la sanidad de su alma.

Aunque ambas sean cristianas.

Digamos que hay dos personas: Mandi y Ella.

El tiempo de Mandi está bastante ocupado con el cuidado de sus padres ancianos, no porque estén muy enfermos, sino porque requieren ayuda con las cosas de la casa; de vez en cuando, que los lleve a sus consultas médicas y les dé apoyo en general. Además, Mandi tiene dos hijos: uno en la universidad y otro en la secundaria. Debido al costo de la matrícula universitaria, Mandi ha aceptado un trabajo de medio día. También está muy involucrada en el comité de padres de la escuela secundaria de su hijo menor. Hay muchos eventos a los que asistir.

Mandi y su esposo tienen una relación normal. Se llevan bien, casi nunca pelean y mantienen la paz, pero ambos están tan ocupados que apenas se ven y apenas tienen tiempo para compartir juntos. Ambos esperan el momento de la vida cuando el ritmo sea más controlable.

Mandi tiene amigas, pero, de nuevo, muy poco tiempo para encontrarse con ellas. Solía ir a una psicóloga cuando estaba en sus treinta, pero ya no lo hace. Intenta leer su Biblia cuando puede, pero, desde la pandemia, ella y su esposo han perdido la costumbre de ir a la iglesia cada semana. Siguen tratando de asistir al menos una o dos veces por mes.

Cuando Mandi tiene algo de tiempo libre (por lo general, a la noche, cuando no se queda dormida), enciende el televisor para mirar Netflix mientras navega por Facebook en su teléfono. Cuando se da cuenta, es más de la medianoche y su esposo ya está dormido, así que se acerca sigilosamente a la cama y trata de meterse en ella sin despertarlo.

En cuanto a las prácticas para cuidar el alma, Mandi piensa que son una buena idea, aun interesantes, pero ¿quién tiene tiempo para eso?

¿Te suena conocido?

Por su parte, Ella experimenta muchas de las mismas circunstancias: está relegada por sus padres y sus hijos adolescentes mayores porque todos necesitan su apoyo, ánimo y atención. Tiene un trabajo de media jornada y está involucrada en la escuela de su hijo menor. Ella y su esposo tienen una buena relación. Está muy ocupada.

De hecho, la única diferencia real entre Mandi y Ella es que, desde hace dos o tres años, Ella cuida su alma de varias maneras. Cuando le dijo a su esposo cuánto disfruta caminar por la mañana, él se hizo cargo de que su hijo menor estuviera listo para ir a la escuela secundaria, de manera que Ella pudiera salir a los senderos que hay detrás de su casa. Ella practica la oración silenciosa la mayoría de los días. Decide deliberadamente buscar oportunidades en las que Dios pueda estar invitándola a trabajar con él en pequeñas cosas que hace en su vecindario: saludando a su vecino anciano o cocinando galletitas durante las fiestas para algunas de las familias que tienen cerca.

Creo que ya puedes distinguir una diferencia entre la vida de Mandi y la de Ella. Su existencia común y corriente de todos los días es sustancialmente distinta, simplemente por las prácticas que Ella ha incorporado a su vida. Los días de Ella son sostenibles, incluso los atareados, porque se reconecta constantemente con su centro, registra en su diario los problemas que tiene y se contacta con sus amigos o su consejero cuando empieza a sentir que hay algo raro. Cuando se encuentra con un contratiempo o una decepción, ha aprendido a mantenerse conectada con Dios, a recibir su valor, identidad, fuerza y dirección de esa conexión en tiempo real. Confía en que él obra de maneras que cubrirán sus necesidades más profundamente de lo que ella identifica.

Mandi, por otra parte, vive una agenda caótica. Funciona a siete mil revoluciones por minuto; eso cuando la vida es normal. Mandi cree que conoce el mejor resultado en casi toda situación (la

Situación A) y se siente decepcionada, ansiosa y, a veces, desesperada cuando las cosas no resultan como esperaba. Apaga incendios todo el tiempo. Siente a menudo que está completamente sola, que no es suficientemente buena, que está demasiado ocupada. Y desea que su vida no fuera lo que es.

¿Qué pasa cuando algo devastador entra en juego?

Mandi descubre que su hija ha estado consumiendo drogas. Su autoestima como madre se desmorona. Se pregunta cómo se le pudo escapar esto y se mortifica constantemente por no reconocer los síntomas. Para apoyar a su hija, renuncia a su trabajo y pasa la mayor parte de sus días continuamente preocupada. Finalmente, las cosas tocan fondo: el padre de Mandi es el que está enfermo, pero su madre muere súbitamente. Esto la hace caer en picada.

El dolor es abrumador, y no tiene ni a quién acudir ni ninguna amiga con la cual hablar; tampoco cuenta con las prácticas espirituales esenciales que la ayuden a mantenerse afianzada durante esta tormenta increíblemente difícil. Comienza a adoptar conductas adictivas para anestesiar el dolor que siente y para empañar la preocupación que la agobia.

La Situación B apareció en su vida: la adicción de su hija, el fallecimiento de su madre. Los desenlaces que había esperado que nunca sucedieran. Se siente perdida, a la deriva.

Cómo seguirá la vida de Mandi a partir de ahora es una completa incógnita. Es posible que salga sola de su desolación; tal vez pueda resolver por sí misma su nueva adicción; quizás pueda arreglar la relación ahora inexistente con su esposo. La verdad es que, sin haber hecho ningún trabajo de formación espiritual positiva, el estado de la vida de Mandi en unos cuantos meses o años es imposible de predecir. Esperemos que alguien se convierta en su guía, como muchos lo fueron para mí.

¿Cómo reacciona alguien como Ella ante circunstancias similares?

Según mi experiencia, la formación espiritual en la que Ella participó activamente la ayudará a superar la desolación. Cuando se da cuenta de que su hijo ha estado consumiendo drogas, no se hunde de inmediato en el abismo de la desesperación. En lugar de eso, recurre a su diario, donde puede determinar de qué formas esto amenaza con destrozar su autoestima. Llama a su guía espiritual o a su terapeuta y, de inmediato, organiza una consulta con ellos para ocuparse de estos problemas. Con su ayuda, además de la introspección que ha estado haciendo en su diario, puede elaborar un plan para ir hacia adelante, confiando al mismo tiempo en que Dios ama más intensamente a su hijo que lo que ella jamás podría amarlo y que puede actuar (y lo hará) de maneras inesperadas. Se da cuenta (mejor dicho, está convencida) de que todas estas cosas conducirán a un final que ella nunca podría haber imaginado. Confía en que, en esa situación Q, ella se acercará más a Dios y estará preparada para el momento crucial, llevando el reino a su vida tangible.

Como Mandi, Ella también renuncia a su empleo de media jornada porque dedica tiempo a orar en silencio y, como reconoce la importancia del descanso como arma, duerme la siesta cuando está cansada y no permite que la culpa la motive.

Cuando su madre muere está devastada, pero no busca anestesiar su pena con las pastillas, con el alcohol, con más ocupaciones, con las compras o con mirar la televisión. Simplemente, se permite el tiempo y el espacio para reposar en la desolación y vivir el dolor que ha llegado. Está atenta a lo que ahora es posible en el panorama cambiante de su vida. Está expectante a lo nuevo que Dios hará y, al mismo tiempo, está plenamente consciente del duelo por lo que ha perdido. Confía en la Situación Q.

Meses más tarde, los vínculos de Ella con su esposo y sus hijos son más fuertes que en el momento cuando golpeó la devastación. Se siente más cerca de Dios por cómo la ayudaron estas prácticas espirituales esenciales, no solo a superar las circunstancias, sino también a ver dónde y cómo Dios estaba trabajando y llamándola a trabajar con él.

Una vez más, solo hacer las prácticas no cambia las cosas. El cambio llega por cómo estas cosas entrenan al alma para prestarle atención a Dios, para trabajar día a día con él. Si apartamos tiempo para el silencio, es maravilloso; pero cuanto más practiquemos el silencio, con más facilidad podremos prestarle atención a Dios aunque estemos en el coche, en la fila del supermercado o en una llamada laboral por Zoom. Podemos experimentar la consciencia de Dios, experimentar la capacidad de reaccionar a su presencia y empezar a colaborar con Dios de todo tipo de maneras dondequiera que estemos. Entonces, cuando confiamos en la guía de Dios y en las intenciones de Dios para nosotros, encontramos un terreno firme, tanto en lo bueno como en lo difícil, para que nuestra alma en realidad esté bien.

## LO DIFÍCIL Y LO BUENO

Cuidar tu alma no significa que no te pasarán cosas difíciles o terribles. Cuidar tu alma no te exime de tomar malas decisiones, sufrir pérdidas ni cometer errores. Pero la realidad del reino del cielo es que Dios basta para sostenerte. Él seguirá guiándote en todas las circunstancias. Cuando tu alma está sana, descubres la levedad del ser, la percepción de que Dios sigue en movimiento, ya sea en medio de la destrucción o de las buenas noticias, en la angustia o en el gozo.

El año del incendio Marshall fue el más desestabilizador de mi vida desde el vértigo de 1995. Mis ritmos estaban totalmente apagados. Mi sentido de pertenencia había desaparecido por completo. Vivíamos en una casa alquilada en Airbnb y me bañaba en el gimnasio local. Cada vez me perturbaba más usar las toallas de otro, dormir sobre las sábanas de otro, tomar mi café matutino y sentarme en silencio en el sofá de otro, vivir con el trastorno implícito de vender nuestra casa, de mudar todo a un depósito, de continuar con mis compromisos laborales y los viajes y acompañar a mi comunidad mientras sufríamos juntos esta pérdida increíble.

Lo único que deseaba era estar en casa. En mi propia casa. Pero eso no iba a suceder en el corto plazo.

Nos sentimos tratados con mucha gracia en esa situación, en especial al principio, pero, después de unos meses, me cansé de vivir con las cosas que teníamos en las maletas y en las bodegas. Había mucho que hacer, mucho más de lo que hacíamos en la vida cotidiana. Además, estábamos reconstruyendo lo que se había destruido en nuestra propiedad, plantando más de cien árboles, haciendo perforaciones en vano para extraer agua. La lista era interminable.

Al mismo tiempo, hubo momentos y días muy encantadores y hermosos. Pasamos el verano en una casa rodante, y hay pocas cosas más gloriosas que despertarse en el desierto alto, junto a las Montañas Rocallosas, preparar café en el remolque y salir a sentir el silencio matinal en un patiecito empedrado mientras el amanecer se derrama sobre el cañón El Dorado y los Flatirons de Boulder.

También fue el año en el que vivimos tanto intensas emociones como una dulce gratitud cuando por fin pudimos reunirnos en el norte del estado de Nueva York con toda nuestra familia y muchos amigos de la infancia para honrar y celebrar la vida de mi papá. Él había fallecido en el 2020 y, debido a que uno de mis cinco hermanos y su familia viven en Nueva Zelanda y a causa de las restricciones de viaje por el COVID-19, todavía no habíamos podido juntarnos. Aunque reunirnos y celebrar la vida increíble y el legado de papá fue una experiencia gozosa y bella, también fue intensa y dolorosa. El duelo se había postergado. Había llegado en tandas y todavía continúa.

Aquella época trajo muchas transiciones, muchas de ellas bienvenidas y aun necesarias. Celebramos el compromiso de mi hijo. Nos mudamos de nuevo a una casa preciosa en un vecindario cercano mientras los vecindarios quemados comenzaban el largo proceso de la reconstrucción. En todo momento, me sentí llevada por el favor y la gracia de Dios. El terreno había sido despejado en mi vida. Trataba de prestar atención para poder ver las nuevas cosas que aparecían.

En esa época, pocas cosas en mi vida cuadraban según las situaciones imaginarias A, B o C. Pude experimentar, sin embargo, muchas Situaciones Q que fueron hermosas, a la medida perfecta de nuestra vida en ese momento, y que me recordaron al reino que no se ve, donde Dios siempre está obrando.

Así es la belleza del cuidado del alma. En muchos sentidos, lo que sucedió con el incendio reflejaba lo que había sucedido en Boston veinticinco años antes, excepto que, esta vez, no me vine abajo. El año del incendio fue sumamente difícil y desestabilizador, emocionalmente desgastante y agotador. Pero esta vez pude mantenerme profundamente conectada con Dios cuando me tocó atravesar lo difícil, lo cual me abrió para lo bueno e hizo posible que estuviera en paz.

## EL ALMA EN PAZ

Al haber crecido en la Iglesia Católica, siempre esperaba con ansias el momento de la misa en el que el sacerdote nos invitaba a «dar la paz». Nos girábamos hacia los desconocidos, los familiares y los amigos y les decíamos: «La paz sea contigo».

Pero la paz puede ser bastante escurridiza, tanto en lo interpersonal como en el interior. Necesitamos la paz ahora más que nunca, pero la disponibilidad de lo que muchos llaman «paz interior» es un atributo escaso y notorio. No creo que haya habido un momento en el que necesitáramos dar (transmitir) la paz más que este tiempo presente. Los unos a los otros, a los desconocidos y, a veces, incluso a nosotros mismos.

Estos días me descubro dándome cuenta de que anhelo la paz, no solo en mis circunstancias y mis relaciones, sino en mi propio cuerpo. Aprendí a prestar atención a cuándo mi cuerpo está tensionado, cuando tengo la frente ceñida o mi cuello o mis hombros están rígidos. Mi mente podrá saber que tengo paz en mi alma, pero nadie les indicó a los hombros que se acerquen a mis orejas.

Una vez, mientras manejaba entre cita y cita, me di cuenta de que mi cuerpo cargaba una tonelada de estrés. Mi mente había repasado las circunstancias y se había comprometido de nuevo a confiar en Dios, pero, al parecer, mis hombros todavía no se habían dado cuenta. Estaban convencidos de que esa situación era una amenaza, lo cual justificaba la ansiedad.

Ahora me parece gracioso, pero recuerdo que pensé que debía convencer a mi deltoides y a mi trapecio de que todo iba a estar bien. Empecé a decirle en voz alta a mi propio cuerpo: «¡La paz sea contigo!». A veces, necesitamos darnos la paz a nosotros mismos: recordarnos qué es verdad y qué ofrece Dios.

Es curioso que la única vez que escuchamos a Jesús decir «la paz sea contigo» es después de la Resurrección, el máximo exponente de la Situación Q. El velo del Templo se rompió. Hubo un terremoto. Resucitaron personas que habían muerto hacía mucho tiempo. Jesús, con sus cicatrices aún visibles, está vivo. Un hombre muerto camina, habla, se relaciona, come, pero ya no está atado a las limitaciones del mundo físico.

Nadie anticipó la Situación Q, excepto Jesús, quien predijo su muerte y su resurrección muchas veces. ¿No es así como funciona siempre? Dios jamás, nunca pero nunca, se sorprende cuando lo que no se ve prorrumpe en lo que se ve.

Y, después de su resurrección, Dios en persona les transmitió un saludo nuevo a los discípulos que estaban apiñados todos juntos, temiendo por su vida: *la paz sea con ustedes.*

> Ese domingo, al atardecer, los discípulos estaban reunidos con las puertas bien cerradas porque tenían miedo de los líderes judíos. De pronto, ¡Jesús estaba de pie en medio de ellos! «*La paz sea con ustedes*», dijo.
>
> Mientras hablaba, les mostró las heridas de sus manos y su costado. ¡Ellos se llenaron de alegría cuando vieron al Señor! Una vez más les dijo: «*La paz sea con ustedes.* Como el Padre me envió a mí, así yo los envío a ustedes». Entonces sopló sobre ellos y les dijo: «Reciban al Espíritu Santo. Si ustedes perdonan los pecados de alguien, esos pecados son perdonados; si ustedes no los perdonan, esos pecados no son perdonados».
>
> Tomás, uno de los doce discípulos (al que apodaban el Gemelo), no estaba con los otros cuando llegó Jesús. Ellos le contaron:
>
> —¡Hemos visto al Señor!
>
> Pero él respondió:

—No lo creeré a menos que vea las heridas de los clavos en sus manos, meta mis dedos en ellas y ponga mi mano dentro de la herida de su costado.

Ocho días después, los discípulos estaban juntos de nuevo, y esa vez Tomás se encontraba con ellos. Las puertas estaban bien cerradas; pero de pronto, igual que antes, Jesús estaba de pie en medio de ellos y dijo: «*La paz sea con ustedes*». Entonces le dijo a Tomás:

—Pon tu dedo aquí y mira mis manos; mete tu mano en la herida de mi costado. Ya no seas incrédulo. ¡Cree!

JUAN 20:19-27 (ÉNFASIS AÑADIDO)

Entonces, ¿cómo se relaciona el saludo de Jesús con la condición de nuestra alma?

El antiguo concepto de paz (*shalom* en hebreo; *eirēnē* en griego) es mucho más amplio que la mera falta de conflicto interpersonal. El teólogo Cornelius Plantinga explica la imaginación bíblica entorno al shalom de la siguiente manera:

> En la Biblia, shalom significa *el florecimiento universal, la plenitud y el deleite*; una situación enriquecedora en la que las necesidades naturales se satisfacen y los dones naturales se emplean de manera fructífera, la situación que inspira admiración gozosa cuando su Creador y Salvador abre las puertas y les da la bienvenida a las criaturas en las que él se deleita. El shalom, en otras palabras, es como las cosas deberían ser[2].

Cuando las cosas están como deberían estar en nuestra alma, sentimos *paz interior*. Aunque las circunstancias alrededor sean nefastas y desalentadoras, nuestra alma puede tener paz porque Jesús atraviesa las paredes de nuestra autoprotección y nos ofrece su tipo de paz.

La promesa de shalom en la vida cotidiana es que podemos disfrutar (y disfrutaremos) la paz interior, pase lo que pase. Es el testimonio infalible de una vida bajo el cuidado de nuestro Buen Pastor, la vida arraigada en lo que no se ve.

Cuando nuestra alma está bien, cuando la paz es nuestra forma de vida, el florecimiento no solo es para nosotros mismos, sino que pasa a formar parte del evangelio (la Buena Noticia) que, consciente o inconscientemente, les transmitimos a todos aquellos que nos rodean. Cuando caminamos, nos movemos, luchamos, sufrimos, nos sacrificamos, dirigimos y seguimos con una verdadera paz interior, todos pueden percibirlo. Hay paz en tu forma de hablar y de tratar a la estresada cajera del supermercado. Hay paz cuando las cosas están mal y tú no te dejas atrapar ello. Hay paz cuando te encuentras en un contexto nuevo o una conversación y estás sereno y seguro.

Para un mundo de almas en llamas, de gente que se siente agotada, vacía y sola, la paz de un alma sana habla de la vida que todos se mueren por experimentar.

## UNA FORMA DE VIDA

Cuando estás en medio de una crisis, es un momento profundamente difícil para aprender las prácticas que cuidan nuestra alma. Es casi imposible aprender a sentirse cómodo con la soledad o ser como un niño destetado sobre el regazo de su madre cuando las alarmas contra incendios suenan todas juntas, cuando la relación se está desmoronando o cuando la carrera se ha destrozado. Durante esos momentos difíciles, hay lugar para *hacer* la práctica, pero muy pocas veces hay tiempo o espacio para *aprender* la práctica.

Si el cuidado de mi alma no se hubiera convertido en una forma de vida antes del 2022, bien podría haber entrado en otra caída libre y tocado fondo en mi mente, mi cuerpo y mi alma. Lo natural que sucede en un momento de desesperación, cuando todavía no has establecido las prácticas del cuidado del alma, es que las partes del cerebro que tienen la función principal de procesar respuestas emocionales como el miedo o la ansiedad toman el control. Terminamos corriendo por todas partes con el cabello prendido fuego, peleando por nuestro sentido de dignidad y por la razón de nuestra existencia. Desde luego, reaccionar de manera distinta a esa es posible, pero es una actitud que debe aprenderse.

Porque el cuidado del alma se había convertido en mi forma de vida mucho antes del tumulto de aquel año, estuve preparada para entrar a mi jardín de la desolación. Pude guardar espacio para Dios y estar atenta a la Situación Q. Tanto mi esposo, Jeff, como yo tomamos decisiones astutas y nos movimos con audacia, incluso mientras transitábamos uno de los años más duros de nuestra vida juntos. Vendimos nuestra casa, nos mudamos a una casa rodante, compramos una casa y formamos un equipo alrededor de la misión de Soul Care. Empezamos a ofrecer experiencias del cuidado del alma en el terreno y hasta creamos una travesía de ocho semanas llamada SOS.

Aunque la parte de mi cerebro ligada al miedo y la ansiedad alzaran la voz, había desarrollado prácticas que ayudaban a mantenerme en calma. Cuando participaba de consultas con mi consejera espiritual, no estaba llena de preocupaciones por lo que pensara ella de mí o si yo iba a decir las cosas correctas y de la manera correcta. Una de las veces que hablé con ella por teléfono, yo estaba sentada en una silla plegable en medio de un campo adyacente a un evento en algún lugar de Kansas City, porque era el único momento en el que en realidad podía sentarme a charlar. Tomaba notas lo más rápido que podía, procesando algunas emociones que había provocado la celebración de la vida de servicio de mi papá, trabajando en todo lo que tenía que ver con los incendios, reflexionando en las relaciones familiares. Aunque el sol me quemaba, seguí adelante con esa llamada porque sabía que necesitaba ayuda. Y su ayuda me fortalecía.

La práctica del cuidado del alma me ayuda a notar en qué condición está mi alma y a interactuar con Dios en cualquier lugar, ya sea en un campo, en la habitación de un hotel, en el rancho con vistas hermosas o dentro de mi auto en el tránsito. Puedo practicar la oración silenciosa en mi oficina o en el sótano, en la terraza o en una caminata. Estos ritmos han sido tan usados por mi alma que la práctica es bienvenida, independientemente de cuáles sean mis circunstancias físicas.

Préstame atención en esto: no estoy diciendo que el cuidado del alma sea la receta mágica para cada lucha que tengas en la vida. Pero el cuidado del alma sí genera dentro de nosotros la resiliencia y la paz para capear las tormentas.

Creo que, en estos próximos años, vendrá una oleada de sanidad. La sanidad que llegará cuando millones de personas resueltamente hagan lo necesario para organizar su vida en torno al bienestar de su alma. Personas que puedan resistir el sufrimiento, que puedan metabolizar su dolor para convertirlo en sabiduría. Personas que de verdad se preocupen por quienes los rodean y que, desinteresadamente, permanezcan en el a menudo incómodo momento crucial entre lo que se ve y lo que no se ve, luchando por lo que es bueno, justo, verdadero y transformador en nuestro mundo.

Dichas personas estarán caracterizadas por la paz interior. Todas tendrán capacidades naturales para la bondad. Estarán radiantes de esperanza inquebrantable. Su humildad será llamativa, incluso irresistible. Las personas que se caractericen por un alma sana serán un ejemplo para que todos vean cómo es un alma humana viva para Dios. No hay apologética más convincente.

¿Te convertirás en una de estas personas? ¿Permitirás que el Buen Pastor traiga esa oleada de sanidad a tu alma y, a través de ti, a todos aquellos que te rodean?

Porque esta es la promesa: aprende los ritmos naturales de la gracia y recuperarás tu vida.

## REFLEXIONES PARA CUIDAR EL ALMA

1. Analiza una situación o una relación que te presione en tu vida actual. ¿Qué esperas de la Situación A? ¿A qué le temes como Situación B? ¿Con qué te conformarías como Situación C? ¿Qué pasos necesitas dar para ubicarte en la Situación Q?
2. ¿Qué objeto físico podrías poner en tu casa o en tu oficina como recordatorio visual de la realidad del mundo que no se ve? ¿O de la bondad cotidiana de Dios para contigo?
3. Describe una experiencia en la que puedas unir lo difícil y lo bueno.
4. ¿Qué sientes en tu cuerpo ahora mismo en cuanto a la paz? ¿Percibes alguna tensión? ¿En los hombros, la frente, el cuello? ¿Dolores de cabeza, fatiga, algo más?
5. ¿Qué tipo de paz crees que el mundo da? ¿La has experimentado? ¿En qué se diferencia de la paz que Jesús da?

6. ¿Qué circunstancias te hacen sentir atrapado? ¿Hay problemas interiores que, simplemente, no puedes desenmarañar? ¿Limitaciones económicas que no puedes superar? ¿Errores en tus relaciones que ya no se pueden reparar? ¿Qué significaría para ti que Jesús apareciera y te hablara de paz para tu alma en esta situación?

7. Cuando vives y lideras con un alma sana, ¿qué contextos y relaciones podrían experimentar la posibilidad de la sanidad?

# Agradecimientos

Las manos, los corazones y las mentes de muchas personas han hecho posible este libro.

Scott Beck, Wess Stafford, Jason Malec, Albert Tate y Angie Ward me desafiaron a escribir un libro que diera a conocer el mensaje de Soul Care al mundo. Sus voces y sus presentaciones estratégicas me ayudaron a volver a dedicarme a la escritura después de muchos años. ¡Gracias!

Shawn Smucker aportó la tan necesaria dirección, la sabiduría, el olfato empresarial, el conocimiento de la industria y la precisión experta con sus palabras para este y otros proyectos. ¡Un socio colaborador que es una verdadera navaja suiza! Él y Maile y su familia se han convertido en mis amigos. Él logra que transformar las ideas en palabras parezca algo fácil, pero es un trabajo. ¡Gracias!

Con una gran amabilidad, paciencia y experiencia, Andrew Wolgemuth perseveró a lo largo del proceso de escudriñar mis muchas ideas hasta que encontramos la que esperamos tenga impacto. Luego, guio con destreza esa idea hasta la increíble colaboración con NavPress y Tyndale. Que esto sea solo el comienzo. ¡Gracias!

Dave Zimmerman, Caitlyn Carlson y los equipos de NavPress y de Tyndale han aportado no solo el conocimiento editorial, sino un profundo compromiso personal con este mensaje. Hemos recorrido juntos este camino. El manuscrito fue intensamente perfeccionado, no solo a través de las típicas mejoras editoriales, sino también por una interpretación profunda del tono, del contexto y de los obstáculos que implica abordar estos temas. Lo que lees aquí es mucho mejor debido a la dedicado y al talentoso trabajo de Caitlyn. ¡Gracias!

El equipo de diseñadores de Tyndale se lució con el diseño de la portada. ¡Gracias!

Zane y Jean Blackmer posibilitaron de una forma única la visión para que el Whisper Ranch se hiciera realidad. Sortearon con nosotros la devastación del incendio Marshall y las dificultades de la reconstrucción. En pareja, el nuestro ha sido un camino de grandes sueños, de oraciones audaces, de enfrentar miedos y la terrible y vivificante invitación a la esperanza. La esperanza en el futuro, la esperanza del reavivamiento, la esperanza de una comunidad, líderes sanos y una familia más fuerte. ¡Gracias!

Jeff Caliguire, mi amor de la universidad y mi esposo desde hace tantos años, ha evolucionado y crecido conmigo desde que nos conocimos en Cornell, en 1984. ¡Qué recorrido más insospechado ha sido el nuestro! Esta ha sido la historia sobre nuestro ministerio, nuestro quebranto, nuestra sanidad y nuestra transformación. Nuestro amado Whisper Ranch ha sido refinado por el fuego. *Nosotros* hemos sido refinados por el fuego. Somos mejores por él, y todavía seguimos en carrera. ¡Aún falta lo mejor! ¡Gracias!

# Notas

## CAPÍTULO 1 | EL ALMA AGOTADA

1. El pastor Tim Mackie, creativo y erudito de la Biblia, me impulsó por primera vez a darme cuenta de lo profundamente integradas que están en la Biblia estas dos palabras: *psychē* y *nephesh*.
2. Dallas Willard, *Renovation of the Heart: Putting on the Character of Christ*, ed. vigésimo aniversario (Colorado Springs: NavPress, 2021), 213. Publicado en español como *Renueva tu corazón: Sé como Cristo*.

## CAPÍTULO 2 | RECUPERA TU VIDA

1. Parker J. Palmer, *Let Your Life Speak: Listening for the Voice of Vocation* (Nueva York: JosseyBass, 1999), 64. Publicado en español como *Deja que tu vida hable: Escucha la voz de tu vocación*.

## CAPÍTULO 3 | EL JARDÍN DE LA DESOLACIÓN

1. Alcohólicos Anónimos, «The Twelve Steps», consultado el 7 de diciembre del 2023, https://www.aa.org/es/twelve-steps-twelve-traditions. Publicado en español como *Los doce pasos*.
2. Lewis B. Smedes, *The Art of Forgiving: When You Need to Forgive and Don't Know How* [El arte de perdonar: Cuando necesitas perdonar y no sabes cómo] (Nueva York: Ballantine Books, 1996), 171.

## CAPÍTULO 4 | UNA PÁGINA, UNA PERSONA Y UN PLAN

1. Harvard Health Publishing, «5 Surprising Benefits of Walking» [5 sorprendentes beneficios de caminar], 7 de diciembre del 2023, https://www.health.harvard.edu/stayinghealthy/5surprisingbenefitsofwalking.

2. Gran parte del material del libro de Julian Sancton, *Madhouse at the End of the Earth: The Belgica's Journey into the Dark Antarctic Night* (Nueva York: Crown, 2021), proviene de los diarios de quienes iban a bordo del *Belgica*. Publicado en español como *El manicomio del fin del mundo: El viaje del BELGICA a la larga noche antártica.*
3. Allison Fallon, *The Power of Writing It Down: A Simple Habit to Unlock Your Brain and Reimagine Your Life* [El poder de escribirlo: Un hábito simple para desbloquear tu cerebro y reimaginar tu vida] (Grand Rapids, MI: Zondervan, 2021), 101.
4. «Why Everyone Should Keep a Journal—7 Surprising Benefits» [Por qué todo el mundo debería llevar un diario: 7 sorprendentes beneficios], *Kaiser Permanente*, 24 de marzo del 2020, https://healthy.kaiserpermanente.org/southern-california/health-wellness/healtharticle.7-benefits-of-keeping-a-journal. Ver también K. Klein y A. Boals, «Expressive Writing Can Increase Working Memory Capacity» [La escritura expresiva puede aumentar la capacidad de la memoria de trabajo], *Journal of Experimental Psychology*, septiembre del 2001, vol. 130, 520–533.
5. Robert Masters, «Spiritual Bypassing: Avoidance in Holy Drag», consultado el 7 de diciembre del 2023, https://www.robertmasters.com/2013/04/29/spiritualbypassing. Publicado en español como *La evasión espiritual: Cuando la espiritualidad nos desconecta de lo que realmente importa.*
6. Esta es mi interpretación del resumen del marco de Janet Hagberg en *Real Power: Stages of Personal Power in Organizations* [El poder real: Las etapas del poder personal en las organizaciones], 3ª ed. (Salem, WI: Sheffield, 2002).
7. Jim Wilder y Michel Hendricks, *The Other Half of Church: Christian Community, Brain Science, and Overcoming Spiritual Stagnation* (Chicago: Moody Publishers, 2020), 91. Publicado en español como *La otra mitad del discipulado: Comunidad cristiana, neurociencia y superación del estancamiento personal.*
8. Warren S. Brown y Brad D. Strawn, *The Physical Nature of Christian Life: Neuroscience, Psychology, and the Church* [La naturaleza física de la vida cristiana: Neurociencia, psicología e iglesia] (Nueva York: Cambridge University Press, 2012), 87.
9. Mindy Caliguire, *Spiritual Friendship* [Amistad espiritual] (Westmont, IL: InterVarsity Press, 2007), 53–71.
10. Stephen A. Macchia, *Crafting a Rule of Life: An Invitation to the Well-Ordered Way* [Crear una regla de vida: Una invitación al camino bien ordenado] (Downers Grove, IL: IVP Books, 2012); Adele Ahlberg Calhoun, *Spiritual Disciplines Handbook: Practices That Transform Us* [Manual de disciplinas espirituales: Prácticas que nos transforman], edición

revisada y expandida (Downers Grove, IL: IVP Books, 2015); y John Mark Comer, *Rule of Life* [Regla de vida] (pódcast).

## CAPÍTULO 5 | DESPUÉS DE RENDIRTE

1. Thomas R. Kelly, *A Testament of Devotion*, edición reimpresa (Nueva York: HarperOne, 1996), 124. Publicado en español como *Un Testamento de devoción*.
2. Juliana de Norwich, *Showings*, traducción Edmund College y James Walsh (Mahwah, NJ: Paulist Press, 1978), 194.
3. Dallas Willard, *Renovation of the Heart: Putting on the Character of Christ* (Colorado Springs: NavPress, 2021), 152. Publicado en español como *Renueva tu corazón: Sé como Cristo*.

## CAPÍTULO 6 | CULTIVA LA TIERRA DE UN ALMA SANA

1. Gracias al libro de Jim Wilder y otros, *Joyful Journey: Listening to Immanuel* [Viaje gozoso: A la escucha de Emmanuel] (Lexington, KY: Shepherd's House, Inc., 2015), he aprendido mucho sobre esto y lo importante que es esta capacidad para el gozo para nosotros como seres humanos.
2. Jim Wilder, «Joy Changes Everything» [La alegría lo cambia todo], *Conversations* 12, n.º 2 (otoño/invierno del 2014): 47.
3. Wilder, «Joy Changes Everything» [La alegría lo cambia todo].
4. Wilder, «Joy Changes Everything» [La alegría lo cambia todo].
5. Wilder, «Joy Changes Everything» [La alegría lo cambia todo].

## CAPÍTULO 7 | TÍMIDO E INTRÉPIDO

1. Jim Collins, «Level 5 Leadership: The Triumph of Humility and Fierce Resolve» [Liderazgo de nivel 5: El triunfo de la humildad y la férrea determinación], *Harvard Business Review*, 1 de enero del 2001, https://hbr.org/2001/01/level-5leadershipthetriumphofhumilityandfierceresolve-2.
2. Richard Rohr, *Falling Upward: A Spirituality for the Two Halves of Life* (San Francisco: JosseyBass, 2011), 128. Publicado en español como *Caer y levantarse: Una espiritualidad para la segunda mitad de la vida*.
3. Dallas Willard, *Eearing God: Developing a Conversational Relationship with God* (Downers Grove, IL: IVP, 2021), 52–53. Publicado en español como *Escuchar a Dios: Cómo desarrollar una relación con Dios basada en la comunicación*.
4. Scot McKnight, extraído de las conversaciones y comentarios personales hechos durante su sesión del 2021 en *The Apprentice Gathering*, grabado en YouTube: https://www.youtube.com/watch?v=GO-jv4zJVEY&ab_channel=ApprenticeInstituteatFriendsUniversity.

5. Andrew Murray, *Humility: The Journey Toward Holiness* (Bloomington, MN: Bethany House, 2001), 57. Publicado en español como *Humildad: La belleza de la santidad.*

## CAPÍTULO 9 | LA TAREA MÁS DIFÍCIL

1. Heather Cherry, «The Benefits of Resting and How to Unplug in a Busy World» [Los beneficios del descanso y cómo desconectar en un mundo ajetreado], *Forbes*, 15 de enero del 2021, https://www.forbes.com/sites/womensmedia/2021/01/15/the-benefits-of-resting-and-how-to-unplug-in-a-busy-world.
2. Cherry, «The Benefits of Resting» [Los beneficios del descanso].
3. Cherry, «The Benefits of Resting» [Los beneficios del descanso].
4. David Burkus, «Research Shows That Organizations Benefit When Employees Take Sabbaticals» [La investigación demuestra que las organizaciones se benefician cuando los empleados se toman años sabáticos], *Harvard Business Review*, 10 de agosto del 2017, https://hbr.org/2017/08/research-shows-thatorganizations-benefitwhenemployees-take-sabbaticals.
5. De verdad, espero que consideres hacer lo mismo y ayudarse uno al otro en este camino. Podrías comenzar un grupo de *día de descanso* con tus amigos y enviarse mensajes de texto cada semana para que cada uno sepa cuándo se ha cruzado esa línea imaginaria. ¡O súmate a nuestros retiros semisilenciosos mensuales en línea! Puedes averiguar más aquí: https://www.soulcare.com/collective (Recurso solo disponible en inglés).

## CAPÍTULO 10 | EL ALMA FLORECIENTE

1. Alcohólicos Anónimos, «The Twelve Steps», consultado el 7 de diciembre del 2023, https://www.aa.org/thetwelvesteps. Publicado en español como *Los doce pasos.*
2. Cornelius Plantinga (h.), *Not the Way It's Supposed to Be: A Breviary of Sin* (Grand Rapids, MI: Eerdmans, 1996), 10. Publicado en español como *El pecado: Las cosas no son como deberían ser.*